KB129154

장애인복지 현장 에세이

인생의
선물을 찾아서

김정일
이명진
조효성
김새봄
박혜진
김지은
구지영
김경민
주민정
노화정
공 저

학지사

머리말
‧‧‧‧‧‧‧

이 책은 장애인복지 현장에서 올바른 가치관을 가지고 마땅
히 해야 할 일을 스스로 알고 찾아 만들어 가는 현장 전문가들
의 에세이다. 10~23년의 장애인복지 현장 경력을 가진 실무
자들의 살아 숨쉬는 현장 이야기를 담았다. 장애인복지 현장의
모든 영역에서 전문가를 섭외하고자 노력했지만 장애인재활상
담사, 사회복지사, 작업치료사만 섭외되었다.

장애인복지 현장에서 더 행복하게, 더 오랫동안 일할 수 있도
록 동기 부여를 제공하는 데 조금이나마 보탬이 될 수 있기를
바라는 마음을 모아 이 책을 집필하였다. 이 책이 장애인복지
를 공부하는 대학생과 신입 직원, 현장 전문가에게 초심을 불
러 일으키기를 바란다.

이 책을 집필한 10명의 작가는 수년 동안 현장에서 일하면서

사람을 사람답게 돕고, 지역을 지역답게 돕는 철학을 가진 전문가가 되었다. 하지만 이들이 이런 전문가가 되기까지는 많은 좌충우돌이 있었고, 실패가 있었으며, 소진이 있었다. 이런 상황에서 우리를 성장할 수 있게 만들어 준 것은 장애인 이웃으로, 우리가 제공하는 서비스의 고객들이다. 하지만 이 글의 주인공들은 이제 단순히 우리가 제공하는 서비스의 고객들이 아니다. 이들은 우리의 이웃이자 친구이며 스승이 되었다. 인생의 어려움과 과제를 같이 고민하고 풀어 가는 동반자이며 우리의 삶을 더욱 풍성하게 만들어 준 이웃이다.

우리는 일을 통해 이들과 만났다. 우리의 일은 이들을 지원하는 것이었다. 우리는 이 직업을 자원했지만 이들은 우리에게 그 무엇으로도 살 수 없는 많은 것을 선물했다. 마치 신이 우리의 인생에 준 선물처럼 말이다. 이 책을 읽는 독자가 다수가 가는 인생길에서 조금 벗어나 소수를 위한 삶을 살아 보길 바래 본다.

2020년 5월

저자 일동

프롤로그
········
글쓰기 과정을 통한 행복한 도전

2019년 7월에 책을 읽다가 문득 글을 써야겠다는 결심을 했다. '매일같이 쏟아지듯 나오는 책들을 누가 읽을까? 굳이 이런 반열에 내가 낄 필요가 있을까? 1년에 나무 한 그루도 심지 않으면서…….' 이랬던 내가 갑자기 책을 쓰고 싶어졌다. '장애인복지 현장 에세이'를 쓰고 싶었다. 장애인복지 현장에서 올바른 가치관으로 마땅히 해야 할 일들을 알고 스스로 찾아 만들어 가는 현장 전문가들의 에세이 말이다.

작년에도 책을 출판하고 싶다는 생각이 있었으나 실천하지는 못했다. 그래서 이번에는 여럿이 함께 쓴다면 가능하지 않을까 하는 단순한 생각에 빨리 행동에 옮겨 '장애인복지 현장 에세이' 출판을 위한 작가 모집을 시작했다. 우선 작가의 조건에 대해 고민했다. 첫 번째 조건은 현장 실무자다. 현장에서 직접 장애인 당사자들을 만나고, 그들의 욕구와 해결책을 함께 고민하고 서비스를 제공하는 사람들로 하였다. 두 번째 조건은 현장 경력이 5년 이상인 사람이다. 어느 분야에서든 전문가 반열에 오르기 위해서는 1만 시간 동안 꾸준히 노력해야 한다는 법칙이 있다. 1일 8시간을 근무했을 경우, 1만 시간의 법칙에 따라 5년의 경력이 전문가 반열에 들어가는 시간이다. 세 번째 조건은 사람을 사람답게 돕는 철학을 가진 사람이다. 사실 세 번째 조건이 가장 중요했다. 책의 내용이 '장애인복지 현장 에세이'이기 때문에 장애인복지 관련 종사자들의 네트워크를 활용해서 작가를 모집했다. 가장 중요한 것이 세 번째 조건이기 때문에 작가 섭외 과정에서 가장 많이 고민했다. 장애인재활상담사, 사회복지사, 작업치료사만 모집되었으나 장애인복지와 관련된 모든 영역에서 전문가를 섭외하고자 노력했다.

생각보다 쉽게 11명의 작가가 섭외되었다. 평소 알고 지내던 현장 실무자들 중에서 작가의 조건에 해당된다고 판단되는 사람들과 통화를 시작했다. 출판의 취지와 내용에 대해 전달하고 섭외한 이유를 설명했을 때 대부분의 실무자는 공감했고 함께하고 싶어 했다. 다만, 일부는 업무적으로 여유가 없거나 글을 써야 한다는 부담감 때문에 거절했다.

책을 출판해야겠다고 마음먹은 한 달 후쯤, 2019년 8월 8일

저녁 7시에 부산대학교 인근 '구름다리 쌈도둑'이라는 식당에서 연잎밥을 먹으며 글쓰기의 첫 모임을 시작했다. 11명의 작가 중 7명이 모였다. 초보 작가들이 모여서 자기소개, 출판 취지 설명, 자신의 에세이 소개 등 함박웃음 가득한 대화를 저녁 늦게까지 나누었다. 카톡방에 공유 글을 올려 글쓰기의 취지와 방법, 일정, 출판, 인세 배분 등에 대해 설명하고 의논했다. 대부분의 작가가 글의 주제를 정하지 못한 상태였다. 첫 모임의 내용을 한마디로 요약하면 이렇게 좋은 사람들과 만나서 이야기하는 것은 좋은데 글쓰기는 너무 부담스럽다는 것이다. 하지만 우리는 8월 말 또는 9월 초까지 초안을 작성해서 편집장에게 보내기로 했다. 모두가 글을 처음 쓰는 작가들이라 검토위원이 검토를 해서 피드백을 주기로 했다. 하지만 글쓰기가 너무 버거웠는지 검토위원이 섭외되지 않았다.

8월 11일 양산에 있는 소소서원을 방문했다. 『사회복지사가 말하는 사회복지사』의 공동저자인 이우석 대표를 만나기 위해서다. 이우석 대표는 소소서원 카페의 대표로 이 지역에서 잘 나가는 바리스타 사회사업가로 통한다. 일요일 오후에 약속을 하고 방문했지만 손님이 많아 우리와 동석했다가 급한 업무 처리로 자리 비우기를 반복했다. 그는 책을 쓰기 3년 전부터 양원석, 김세진 사회사업가를 만나고, 푸른복지출판사의 책들을 읽으면서 글쓰기 공부를 하여 글을 쓰는 것이 어렵지 않았다고 했다. 대표님은 정신없이 왔다 갔다 한 게 미안했는지 참고할 만한 책 두 권을 빌려 주셨다. 『월평살이』와 『함께걸음』이다. 작가들과 이 두 권의 책을 공유하며 읽었다.

나는 작가들과 만나 어떤 내용의 글을 쓰고 싶은지 이야기를 듣고, 글의 주제 선정과 내용 구성을 도왔다. 작가들을 만날수록, 이분들이 사업은 진짜 잘하는데 글쓰기는 정말 어려워한다는 사실을 늦게 깨달았다. 글쓰기 강사를 초빙하여 공부도 하고 연습할 시간이 필요했다. 비록 이 작가들이 글쓰기는 초보더라도 장애인들을 만나고 일하는 태도와 방식은 전문가임을 인정했기 때문에 이 에세이가 큰 감동을 줄 수 있을 거라는 확신이 있었다. 그래서 각자의 입장에서 자신의 잣대로 주관적인 글을 써 달라고 요청했다.

작가들이 글을 써서 초안을 주면 양해를 구한 후 '빨간펜'을 들었다. 우리는 원고 마감일을 9월 9일로 잡았다. 다행히 9월 10일에 초안이 모두 도착했지만, 아쉽게도 1명의 작가는 글쓰기를 포기했다. 나는 작가들의 글을 읽고 검토하면서 참으로 행복했다.

1장 '소수 이야기'의 글을 쓴 이명진 작가와 이야기를 나누었다. 이 작가는 자신의 글을 시처럼 쓰고 싶다고 했다. 그래서 산문의 형식이 아니라 시의 형식으로 글을 썼다. 내용이 참 독특하고 좋았다. 함축적인 글과 절제된 문장, 그리고 생각하게 만드는 글귀들에 참으로 나의 마음을 빼앗겼다. 내용이 가볍지 않고, 특히 짧아서 좋았다. 그래서 이 책의 첫 번째 글로 '소수 이야기'를 선택했다.

'캠퍼스 캠페인, 축제 속으로'의 글을 쓴 주민정 작가의 주제는 '인식 개선 캠페인'이다. 이 작가도 참 대단한 사람이다. 2001년부터 시민과 함께하는 거리 캠페인으로 장애 인식 개선 캠페인을 진행했다. 지금은 누구나 거리 캠페인을 하지만 그 당시에는 쉽지 않은 시도였다. 2006년부터는 대학 축제에서 이 캠페인을 했으니 사색하는 선구자임이 틀림없다. 글의 내용이 '인식 개선' '캠페인'이어서 뒷 부분에 넣었다.

마지막 과정은 책의 제목을 정하는 것이었다. '장애인복지 현장 에세이'를 쓰자고 했으니 이 글의 내용과 잘 어울리는 책의 제목을 정하기 위해 함께 의논했다. 1장 '소수 이야기'는 이 책의 머리말 같은 느낌을 주면서 사색하게 만드는 좋은 글이다. 그래서 '소수를 돕는 사람들'로 정하면 어떨까 제안했다. 바로 우리의 이야기이기 때문이다. 하지만 '돕는 사람들'이나 '복지' 같은 단어가 들어가지 않으면 좋겠다는 의견을 수렴했다. 5개의 제목 중에서 '인생의 선물을 찾아서'라는 제목이 다수결로 결정되었다.

　최종 원고를 주민정 작가가 검토해 주었다. 아주 꼼꼼하게 중요한 부분들을 잘 검토해 주었다. 언제나 고마운 사람, 감사 드린다.

　성공이란 무엇일까? 내가 생각하는 성공이란 '하고 싶은 일을 계획하고 그 일을 실천하는 과정'이다. 나는 2019년 7월에 출판을 기획하고, 작가들을 모집해서 8월에 글쓰기를 하고, 9월에서 12월 초까지 검토와 수정을 하고, 12월에 출판을 의뢰했다. 이 책이 출판되어 대박을 터뜨리는 것이 목표가 아니라 이 책의 출판과 과정 자체가 나에게는 성공이다.

　나는 확신한다. 이 글쓰기 과정이 우리에게 참 행복한 도전이었고, 이 도전을 통해 우리가 걸어온 길을 겸허히 되돌아보았으며, 앞으로 이 글이 우리를 더 행복하게 만들어 줄 것이라고.

2020년 봄을 떠나 보내며
글쓰기 주선자 김정일 올림

차례

1

소수 이야기

글. 이명진

나의 생각은 어떻게 나의 생각이 되었을까?

이상한 말 같지만 내 의식의 모든 것이 태어나면서부터 컴퓨터 폴더처럼 정리되어 있지는 않았을 테니…….

무엇인가의 영향으로 나의 생각은 형성되었을 것이다.

개인적으로는 학습과 경험이 생각을 만들어 낸다고 생각한다.

우리 삶의 경험은 각자 달라 일반화시켜서 이야기할 수 없지만, 초·중·고등학교 12년의 교육과정에서 학습한 내용은 어느 정도 일반화시켜서 이야기할 수 있을 것이다.

물론 검정고시 등의 공교육 미이수자는 여기서 소수가 될 수밖에 없다.

12년 동안의 정규교육과정인 공교육의 목표는 무엇일까?

자아실현이나 지덕체의 함양도 중요한 목표이겠지만, 사회적으로는 공공의 질서 유지 또한 공교육의 중요한 목표일 것이다.

신호등이 빨간 불일 때에는 서야 한다는 사회적 약속을 교육받지 않거나 동의하지 않는다면 공공의 질서 유지는 힘들다.

그렇다면 공교육의 교과과정은 누가 만드는가?

지식과 권력의 기득권을 가진 사람들이 대부분일 것이다.

소위 전문가와 기득권을 가진 사람들이 현재의 질서를 유지하기 위해 만든 경우가 대부분의 공교육 교과과정인 것이다.

잠깐 주제와 벗어난 이야기이지만 기득권을 가진 사람들이 만든 교육과정에 의해 자신의 생각이 만들어지는 것을 벗어나고 싶다면 방법이 있다.

그것은 바로 독서와 토론이다.

여하튼 공공이란 다수를 전제로 한다.

다수에 해당하는 사람들의 질서 유지를 위한 교육 내용은 소수에 대한 몰이해를 가져올 수 있다.

성 소수자, 다문화가족, 새터민, 그리고 장애인…….

다수와 소수는 상대적 개념이다.

만약 남녀 각 2명씩 4명이 수녀원에 간다면 남자가 소수가 되고, 군대에 간다면 여자가 소수가 된다. 상대적인 것이다. 하지만 앞서 예를 든 성 소수자나 다문화가족, 장애인 등의 상대적 소수는 상황에 따라 소수가 되는 것을 넘어서서 다수가 만든 공공의 질서에서 벗어난 이탈자로 생각되는 경우가 있다.

그러므로 생각을 만들어 내는 공교육이 소수자들을 상황적 소수를 넘어선 이탈자라는 낙인을 찍는 실수를 하고 있지 않나 생각해 볼 필요가 있다.

그런 생각은 보다 따뜻한 호모사피엔스 공동체를 만들어 가는 데 도움이 된다.

우리가 받는 12년의 초 · 중 · 고 공교육에서 장애를 생각해 볼 수 있는 교육 내용은 그렇게 많지 않다. 1만 8천여 쪽에 이르는 기본 교과목 중에서 '장애'라는 단어가 나오는 쪽은 얼마나 될까? 108쪽, 즉 1%가 되지 않는다. 놀랍지 않은가.

그렇다면 적어도 교육을 통해 만들어진 장애라는 것의 이미지를 다시 생각해 볼 필요가 있다. 불편함, 불쌍함 등…….

불편하다는 것 또한 상대적 이미지이다.

어떤 상황이 누구에게는 편한데, 누구는 그런 상황이 안 되기 때문에 불편한 것이다. 계단은 다리가 불편하지 않으면 괜찮은데, 다리가 불편하면 장벽이다. 인도의 턱은 휠체어를 타고 있지 않으면 문제없고, 휠체어를 타면 문제가 된다.

불편은 절대적이 아니라 다수의 환경에서 소수가 상대적으로 겪는 상황이다.

인간은 존엄한가?

인간의 존엄성을 이야기할 때면 나는 늘 '천부인권설'이 생각난다.

인간의 권리는 하늘로부터 부여 받았다!

그렇다면 첫 번째 인간부터 — 그 시작이 아메바였든, 흙으로 빚어졌든 — 존엄했을 것이다.

태곳적의 첫 인간부터…….

그러면 노예제도는 어떻게 이해하고, 양반과 상놈은 어떻게 설명할 수 있는가?

인권을 중시하는 사회 시스템 중의 하나가 민주주의라고 한다. 민주주의의 모범생이라고 하는 영국과 미국.

그중 미국의 사례를 보자.

다음의 사진은 흑인 남자와 백인 여자의 투표 관련 내용이다.

흑인 남자가 처음으로 투표권을 행사하는 사진. 백인 여자가 투표권을 요구하는 사진.

흑인 남자와 백인 여자 중 어느 쪽이 더 먼저 선거권을 가졌을까?

흑인 남자는 1870년, 백인 여자는 1920년이다. 흑인 남자가 더 빠르다.

올해가 2020년. 미국에서 백인 여자가 투표권을 가진 지 100년이 되는 해다.

미국에서 백인 여자는 백 년 전부터 존엄했던 것인가?

그래서 나는 생각한다.

인간의 존엄성은 하늘로부터 부여받는 것이 아니라 다수가 인정하는 만큼 존엄한 것이라고.

　혹인도 투표해야 한다고, 여성도 투표권을 가져야 한다고 다수가 인정했기 때문에 받은 존엄성이자 권리라는 것이다.

　그렇다면 다수의 인정은 어떻게 만들어지는가?

　소수인 당사자의 노력, 관련 전문가의 노력, 권력의 동의 등이 다수의 인정을 가져올 수 있다. 권력의 종류 중에는 전문가, 언론인, 정치인이 대표적이다.

　장애란 무엇인가?
　나는 장애는 관념이라고 생각한다.
　관념이란 대상을 표시하는 심적 현상으로, 사물은 관념에 따라 정의되고 보인다.

　안경은 그냥 안경인데 목발은 왜 보장구인가?
　간이나 신장의 기능이 안 좋으면 장애 등록이 되는데, 췌장암이나 피부암은 왜 안 되는가?
　왜 호주에서는 알코올 의존자가 장애인인가? 왜 스웨덴에서는 이민자도 언어치료 서비스 혜택을 받을 수 있는가?

상대적 소수를 어떻게 바라보는가.

그 시선의 높이가 그 사회의 인간 존엄성의 높이다.

장애는 관념이라는 것을 다수가 인정하는 사회!

그런 인식의 변화를 위해, 소위 전문가인 우리는 무엇을 하고 싶은가?

여기에 우리의 존재 이유가 있다.

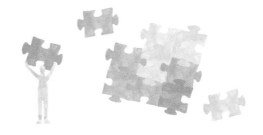

2
오늘 만난 사람들

글. 조효성
. . . .

❀❀☆❀❀

나는 장애인복지관에 처음 오시는 분들에게 복지관 서비스와 복지정책에 관한 정보를 제공하는 초기상담 전담 사회복지사다. 하루에 2~3명이 나를 찾아온다. 그동안 나는 상담실의 작은 문을 통해 천 명이 넘는 다양한 사람을 만났다. 그분들과 함께 삶을 고민하고, 나눌 수 있어 참 좋다. 오늘도 사람들이 상담실을 찾아온다. 나는 오늘도 사람들을 만난다.

내가 혹시라도 잘못되면

2019. 7. 25.

모녀가 함께 복지관 상담실을 찾아왔다. 어머니의 연세는 일흔, 딸은 마흔 다섯이다. 노모는 휴대 전화가 바로 앞에서 울리고 있는데, 가방 속에서 휴대 전화를 찾는 등 정신이 없다.

어머니는 "복지관에서 무엇을 해 줄 수 있나요?"라고 물었다. 복지관에서 제공하는 서비스 안내를 마치자, 어머니는 기다렸다는 듯이 자신이 하고 싶은 이야기를 했다.

"내가 젊었을 때 돈을 벌기 위해 열심히 일했어.

많이 배우지 못해서 이것저것 노가다를 많이 했지.

지금은 눈도 침침해서 잘 보이지도 않고,

젊었을 때 고생을 많이 해서 그런지 관절마다 아프고,

얼마 전에는 다리가 저려 움직이지를 못해서 딸한테 물 좀 떠 달라고 했더니,

딸이 '엄마가 떠다 먹어라' 하고는 떠 주지도 않더라고.

몸을 움직일 수가 없으니 3일 동안 누워만 있다 보니 밥도 못 먹었지.

우리 딸도 챙겨 먹을 줄 모르니 같이 굶었어."

어머니는 이런 상황에서 아무것도 하지 못하고 이불 속에서 그저 눈물만 흘렸다. 딸에게 서운한 마음도 있을 법한데 딸 탓은 하지 않았다. 혹시 이러다가 내가 죽기라도 하면 세상 물정을 모르는 딸이 혼자 남아 어떻게 살아갈지 걱정했다.

딸은 어머니의 이야기에 수줍게 웃거나, 이야기가 길어지면 지루한 듯 상담실을 둘러보았다. 딸은 말이 없었다. 어머니가 하는 이야기 속뜻을 이해하지 못하는 것 같았다. 인지발달 수준이 5세 정도인 듯 보였다.

어머니와 딸은 얼마 전 복지관 인근으로 이사를 왔다. 딸은 바로 옆에 있는 사회복지관에서 한글 수업을 주 2회 배우러 다닌다고 했다.

그러나 혼자서 밥을 챙겨 먹거나, 청소를 하지 못한다. 딸이 혼자 있으면 집은 금방 더러워진다. 늘 어머니가 청소를 해 주는데, 요즘에는 기력이 없어 밥도 못해 주고 청소도 못해 주고

있어 날이 갈수록 걱정이 많다고 하신다.

나는 이분들에게 장애인활동지원서비스가 필요한 것 같아 설명해 드리고 신청 방법을 안내했다.

딸에게 전화번호를 물어보니, 자신의 전화번호 찾으려고 계속 휴대 전화를 만졌으나, 결국 전화번호를 찾지 못했다. 자신의 전화번호를 외우지 못해 떠듬떠듬 숫자를 말하다가 그만두었다. 어머니는 답답한 듯 자신의 휴대 전화에서 딸의 연락처를 찾아서 보여 주었다.

딸에게 '장애인활동지원서비스 신청'이라는 쪽지를 적어 주었다. 딸에게 주민센터에 가서 이 쪽지와 복지카드를 함께 보여 주면 주민센터 담당자가 신청을 해 줄 것이며, 국민연금공단에서 조사 후 서비스 이용까지 한 달 정도 소요될 수 있음을 설명해 주었다.

이 분이 활동지원서비스를 받을 수 있었으면 좋겠다.

백내장으로 점차 시력을 잃어가고 있는 어머니의 마음이 더 이상 아프지 않도록 세상의 따뜻한 울타리가 지원되면 좋겠다.

자식을 생각하는 마음

2010. 7. 26.

한 아이의 어머니가 찾아왔다.

"우리 애가 12월에 돌이에요."

　"남들처럼 많은 것을 해 주지는 못해도 돌 사진만은 남겨 주고 싶어요.

　나중에 컸을 때 '너도 친구들처럼 돌잔치를 했었다.'라고 이야기 할 수 있도록 말이에요."

　엄마의 마음이 너무 따뜻하다.

　자원이 시급하다.

　합동결혼식 지원사업은 있지만 돌잔치 지원사업은 없다.

　뷔페, 싼 곳이 없을까?

　함께 고민을 시작했다.

　어머님, 일단 지금부터 조금씩 저축합시다.

2010. 9. 8.

　어머니가 홍보지를 하나 들고 왔다.

　타 장애인복지관의 가족지원사업으로 가족 사진을 찍어 주는 사업이었다.

　'아싸~ 돌 사진 비용 건졌다.

　어머님 파이팅입니다^^~'

2010. 12. 16.

　돌잔치 초대장을 받았다.

　어머니는 고운 한복을 입었다.

아이 아버지도 멋진 한복을 입었다.

아이는 귀여운 한복을 입고 떼를 쓴다.

주위 친구분들과 복지관 선생님 몇 명 뿐인 단출한 돌잔치가 열렸다. 그러나 여기에 모인 사람들은 진심으로 세 식구를 응원했다. 이 세상 그 누구보다 행복하고 무럭무럭 자라렴.

※ 아이 어머니는 뇌병변 장애, 남편은 지적장애가 있다. 어머니는 지금 세 아이의 엄마다. 비록 자신은 장애가 있어 도움이 되지 못하더라도, 형제가 있다면 의지하면서 이 험한 세상을 살아가지 않을까 생각해서 세 아이를 낳았다고 한다. 첫 아이는 벌써 초등학교를 다니고 있다. 혹 자신의 장애로 아이들이 놀림을 받지 않을까 늘 노심초사하면서 아이들을 열심히 키우고 있다.

일자리를 찾는 사람들

2014. 1. 14.

55세의 중년 여성분이 찾아오셨다.

주름진 얼굴은 걱정이 가득해 보였다.

여성분은 동사무소에서 일자리를 문의하다가 동사무소 직원이 장애인복지관을 알려 주어 찾아왔다.

여성분은 고된 얼굴로 방문 이유를 얘기했다.

"남편이 환경미화원으로 일을 했는데, 일을 하는 도중에 교통사고로 다쳐 오랫동안 병원 생활을 했어요. 치료를 받았지만 남편은 걷지 못하고 지체장애 1급이 되었어요. 그렇게 남편이

다치고 난 후 생계를 위해 남편 대신 환경미화원을 10년간 했어요. 그리고 공공근로로 급식도우미 등 일을 하였는데, 요즘에는 워낙 사람들이 많아 그 일도 못해요. 지금 할 수 있는 일이 없을까요?"

일자리를 찾는다.

장애인일자리, 한국장애인고용공단 부산지역본부 등 일자리를 찾을 수 있는 기관에 대하여 정보를 제공했다.

"남편의 간병을 오래하여 남을 돌보는 것도 잘하고, 청소도 잘 해요. 이웃에게 이야기를 들었는데, 화명동에 가면 바우처 일을 할 수 있다고 들었어요."

여성분은 일을 할 수 있다고 계속 강조하면서 간절함을 호소했다.

여성분에게 화명동에 있는 장애인활동지원사 양성 교육 기관에 대한 정보를 제공해 주었다.

그러나 요즘은 이용자보다 활동지원사가 더 많아서 연계가 잘 안 된다고 들었다.

여성분은 신장장애와 시각장애를 가지고 있다.

1999년도에 신장이식 수술을 했지만 지금은 건강하다.

태풍 매미 때 거센 바람에 물건이 날아와 부딪히는 바람에 오른쪽 눈의 시력을 잃어 시각장애가 되었지만 왼쪽 눈은 잘 보인다.

신장장애와 시각장애, 중복장애로 힘들다고 볼 수 있는데, 본인은 건강하고, 일할 수 있다고 강조한다.

취업이 되면 좋겠다.

복지관의 취업담당자에게 서비스를 연계했고, 한국장애인고용공단에 가서 구직상담을 하도록 권유했다.

2015. 4. 7.

중년 여성분이 다시 찾아왔다.

장애인일자리를 하다가 올해는 선정되지 못하였다고 한다.

안타깝다.

일을 할 수 있는데, 일자리가 많으면 좋겠다.

꽃길이 아닌 인생길을 꽃길처럼 걸어가길 소망해 본다.

꿈을 이루기 위해 노력하는 컴퓨터 천재

2010. 5. 20.

한 어머니가 찾아왔다.

마흔이 넘은 아들 민호 씨가 이번에 독립을 한단다.

임대아파트 신청을 한지 2년 만에 아파트가 나와 계약을 했다.

어머니는 아들이 독립하게 되어 서운함과 어머니 자신이 나이가 들어감에 따라 더이상 아들을 보호해 주지 못할 것 같은 두려움을 함께 이야기하신다.

　어릴 적 뇌성마비로 마음대로 자신의 신체를 움직일 수도 없고, 발음도 부정확하여 타인과 의사소통도 힘들고, 스스로 대변처리가 되지 않는 아들이 이 지역사회에서 홀로 잘 살아갈 수 있도록 당부 또 당부하신다.

2010. 8. 16.

　민호 씨가 찾아왔다.

　전동휠체어를 타고, 활동지원사와 함께 즐거운 표정이었다.

　부모의 곁을 떠나 첫 독립이라 불안하기도 하지만 기대감이 더 큰 것 같다

　생활에 필요한 보조기구, 가전제품 지원과 관련하여 상담을 하러 왔다.

　자원을 알아보겠다고 했다.

　그때 옆에 선생님이 컴퓨터가 안 된다고 검은 모니터와 씨름을 하고 있었다.

　슬쩍 민호 씨가 옆에 선생님을 본다.

　단축키를 불러 준다.

　옆에 선생님이 민호 씨가 불러 주는 대로 따라한다.

　검은 모니터가 움직인다.

　화면이 밝아진다.

와! 컴퓨터 천재다.

2011. 6. 14.

컴퓨터 교실 수업을 받던 민호 씨가 GTQ 자격시험을 친다고
한다.

"컴퓨터 교실 강사가 준 유인물로 꾸준히 연습하고 있어요.
합격할 자신은 없지만 그래도 응시를 했다는 사실 만으로도 설
레요."라고 수줍은 웃음을 짓는다.

2011. 7. 28.

GTQ 3급 자격증 시험 결과는 합격이었다.
축하, 축하해요.

2013. 2. 13.

민호 씨는 또 도전을 한다.
그래픽 실무 과정을 배우고 싶어 한다.
그러나 전동휠체어를 타고 갈 수 있는 컴퓨터 학원이 별로
없다.
민호 씨는 그래픽 실무를 배울 수 있는 학원을 함께 찾아보다
가 새로운 희망을 이야기한다.
"학원에 엘리베이터가 있으면 학원비가 비싸요. 그리고 몸이

마음대로 되지 않아 수업시간 50분 동안 가만히 있지 못해 다른 사람에게도 피해가 될 것 같아요."

민호 씨는 집에서 마음껏 들을 수 있는 인터넷 강의로 독학하기로 하였다.

2013. 3. 21.

민호 씨는 인터넷 강의를 신청했다.

자랑스럽게 이야기한다.

"내가 듣고 싶을 때에만 듣고, 힘들면 내 마음대로 쉴 수 있고, 그래서 좋아요. 지금 플래시 강의를 반 넘게 들었어요."

민호 씨의 꿈을 응원합니다.

외로운 사람들

복지관에 한 통의 전화가 걸려 왔다.

전화기 넘어 남자의 말은 혀가 꼬여서 발음이 부정확하다. 남자의 말을 제대로 알아들을 수 없다.

남자는 사회의 불만을 이야기한다.

전화기 너머로 술냄새가 진동하는 것 같다.

욕설과 불만을 한참 듣다가 "무슨 힘든 일이 있어 술을 드셨어요?"라고 부드럽게 말을 건네자 갑자기 말이 없다.

많이 외로웠나 보다.

자신에게 그런 말을 해 준 사람은 처음이란다.

30분을 가만히 들어 주다가 더 이상 할 말이 없으신 것 같아, 오늘은 술을 많이 드셨으니 내일 한번 집에 가겠다고 하고 전화를 끊었다.

다음 날 집에 가서 보니, 집이 너무 깨끗하다.

내가 온다고 치운 것인가?

젊은 날에는 목공 일을 하였는데, 다쳐서 지금은 할 수 없고 지금은 몸도 아프고, 술을 먹지 않으려고 하는데, 계속 찾게 된다고 한다.

위로와 지지를 해 주고 돌아섰다.

복지관에 전화 오는 날이 많아졌다.

조금이라도 힘을 내어 술을 먹지 않고 세상과 마주할 수 있도록 그 분의 외로움을 계속 들어 주었다.

그러나 어느 날부터 한참 동안 전화가 오지 않았다.

무슨 일이 있는 걸까?

수소문을 해 보니 돌아가셨다.

가슴이 먹먹하다.

조금 더 챙겨 드릴 걸…….

외롭게 살다가 외롭게 가시는 분들에게 내가 할 수 있는 일은 무엇일까?

고민이 된다.

오늘은 또 어떤 사람이 복지관을 찾아올까? 어떤 사람이 전화를 걸어올까? 오늘 처음 만나는 사람들에게 나는 아쉬움이 없도록, 후회하지 않는 상담이 되도록, 오늘이 마지막 만남인 것처럼 귀기울여 듣고 싶다. 오늘도 어제처럼 나는 이 작은 상담실에서 희망을 전달하는 상담사이고 싶다.

3
희망나무

글. 김새봄

✵✵✵✵✵

나는 저녁잠이 많고 아침잠이 없는, 소위 아침형 인간이라서 이른 아침에 일어나 마치 시간을 번 것처럼 나만의 여유로운 시간을 보내는 것을 좋아한다. 주로 어제 못한 일이나 딱히 뭐라고 이름 붙일 수 없는 소소한 것들을 하지만, 무엇에 쫓기지 않는 이 시간이 좋다.

잠시 사회복지 현장을 떠나 있는 요즘, 이 시간은 나에게 더 여유로움을 만끽하게 해 준다. 이 시간에 마시는 커피는 왜 이리도 맛있는지, 달콤한 커피향과 함께하는 소중한 시간을 지키고 싶은 마음에 최대한 오늘 해야 할 일, 앞으로의 계획은 생각하지 않으려고 한다. 잘 되지는 않지만…….

그럴 때마다 떠오르는 것은 사회복지사로 살아왔던 지난 추억들이다. 나는 부산의 한 종합사회복지관에서 사회복지사로 일을 시작했다. 대학교 4학년을 마치기도 전에 입사를 했으니 지금 생각해 보면 부족한 것이 참 많았다. 그래도 매번 그때의 추억이 떠오르는 걸 보면 다행히 그때의 기억이 좋았나 보다.

사회복지사로 일한 지 5년째 되던 해에 지적장애, 자폐성 장애가 있는 중학생들을 위한 직업재활 프로그램을 맡게 되었다.

지적장애, 자폐성 장애를 가진 학생들은 비장애 학생들보다 무언가를 배우고 익히는 데 제한이 많다. 새로운 것을 배우기 위해서는 몇 배나 많은 시간과 연습이 필요하다. 버스를 타기 위해 줄을 서야 한다거나 초록불일 때 횡단보도를 건너야 한다는 사회적 규칙을 이해하는 데에도 시간이 필요하다. 또 스스로 표현할 수 있는 언어의 수가 적고, 상대방의 말을 정확히 이해하는 데 어려움이 많다.

학생의 장애 정도에 따라 생활시설에 입소하는 경우도 있지만, 대부분의 학생은 가정에서 생활하면서 치료실이나 복지관에서 운영하는 언어치료, 음악치료, 방과 후 교실과 같은 프로그램에 참여한다. 또 장애 학생만을 위한 특수학교에 다니기도 하고, 통합교육을 위해 일반 초·중·고등학교를 다니면서 교내 특수학급(학습도움실)을 이용하기도 한다.

학생들이 스무 살이 되기 전까지는 공교육의 테두리 안에서 다양한 교육을 받게 된다. 하지만 장애 학생들은 고등학교를 졸업한 후, 사회가 아닌 가정으로 다시 돌아가는 경우가 많다. 비장애인이 실질적인 독립생활을 하게 되는 시기에 장애인들은 다시 집으로 돌아가 무료하게 시간을 보내야 한다. 복지관의 치료 프로그램을 이용하는 학부모들 역시 자녀의 고등학교 졸업 이후의 진로와 취업, 독립생활을 가장 걱정하고 있었다. 이러한 문제가 자주 제기되면서 우리는 지적·자폐성 장애인

들도 고등학교 졸업 후 사회로의 성공적인 전환을 할 수 있도
록 돕는 프로그램을 기획해 보기로 했다.

　그렇게 지적장애, 자폐성 장애를 가진 청소년을 위한 직업재
활 프로그램이 만들어졌다. 프로그램 참여자는 일반 중학교 특
수학급을 이용하는 중학생 6명으로 한정했다. 장애 학생들의
학습 속도, 개별지도 가능성, 진로지도의 조기 시행 등을 고려
한 결정이었다. 또 직업 능력을 키우는 프로그램뿐 아니라 기본
적인 생활습관 개선, 지역사회 시설 이용, 문제해결 기술과 대
처법, 의사소통 능력을 키울 수 있는 프로그램도 동시에 진행했
다. 실제 직업 생활에 있어 자신에게 주어진 업무를 잘 수행하
는 것도 중요하지만, 혼자서 대중교통을 이용하고, 출퇴근 시간
을 지키면서 직장 동료들과 좋은 관계를 유지하는 것 또한 직장
인이 갖춰야 할 필수 요소이기 때문이다. 우리는 이런 프로그램
의 특성을 감안하여 장애 학생들의 미래에 희망을 주고자 하는
의미에서 프로그램명을 '방과 후 학교 희망나무'로 결정했다.

　사회성이 좋아 사무실 사회복지사들에게 인기가 많은 유준
이, 몇 가지 단어로만 대화할 수 있지만 기억력이 좋은 종수, 시
계도 볼 수 있고 간단한 덧셈도 할 수 있지만 사회성이 부족해
상대방과 눈을 마주치지 못하는 민호, 마음이 여려 늘 양보만

하는 나경이, 고집이 세서 화가 나면 말을 하지 않는 동규, 학생들의 형, 오빠 역할을 하는 태호. 이렇게 6명의 학생이 모여 '방과 후 학교 희망나무'의 학생이 되었다.

이 학생들과 3년 동안 매일을 함께했다. 학생들의 하교 시간에 맞춰 학교로 가서 복지관으로 데리고 왔고, 저녁을 먹을 수 있게 집으로 데려다줬다. 매일매일 계획된 시간표에 맞춰 화요일에는 대화기술훈련, 수요일과 금요일에는 우리 동네 시설 이용하기, 시계 보기, 돈 계산하기, 청결 위생 관리 등의 활동, 목요일에는 연극을 활용한 대인관계기술훈련이 진행되었다. 학생들이 학교에 가지 않는 토요일에는 진로지도 프로그램을 집중적으로 진행했다. 토요일에 진행되는 진로지도 프로그램은 크게 직업 인식 교육, 직업 탐색 활동, 직업 현장 체험 활동으로 구성했다. 먼저 직업의 소중함과 흥미를 느낄 수 있도록 돕기 위해 직업 인식 교육을 진행했다. 그리고 다양한 직업을 경험해 볼 수 있도록 바리스타 체험, 쿠키 만들기, 도자기 만들기 등 체험형 직업 탐색 활동을 진행했다. 또한 토요일 진로지도 프로그램의 핵심인 직업 현장 체험 활동을 격주로 진행했다. 직업 현장 체험 활동은 개별 학생의 직업흥미검사 결과와 학생이 희망하는 활동, 기능에 맞춰 사업체를 매칭하고, 격주 토요일마다 실제로 직업 체험을 해 볼 수 있도록 하는 활동이다. 학생들이 다양한 곳에서 직업 체험을 할 수 있도록 하기 위해 먼저 직업 체험이 가능한 사업체를 개발해야 했다. 사업체를 찾기 위해 마트, 식당, 세차장, 제과점, 요양원, 도자기 공방, 피자 가게 등 학생들의 실제 생활권과 밀착된 지역사회를 중심으로 직접 방문하여 개발했다. 무작정 편지를 보내기도 했다. 사업체 사장님을 만나기조차 힘든 곳도 있었고, 장애 청소년의 직업 체험 활동을 이해하지 못하는 곳도 많았다. 사업체 개발은 프로그램이 진행되는 1년 동안 계속되었다. 우여곡절 끝에 몇몇 사업체에서 학생들의 직업 체험 활동을 허락해 주었다.

가장 먼저 유준이가 복지관 앞 작은 마트에서 직업 현장 체험 활동을 시작했다. 유준이에게 주어진 일은 과자, 라면과 같은 상품을 진열하는 일이었다. 직업 현장 체험 활동을 시작하기 몇 주 전부터 유준이에게 직무 내용, 출근 시간, 퇴근 시간, 인사하기, 허락 받기, 보고하기와 같은 직장예절을 지킬 수 있도록 반복해서 알려 주었다. 부모님, 특수교사, 대학생 자원봉사자에게도 지도를 부탁했다. 대학생 자원봉사자들은 토요일마다 학생들이 사업체 현장 체험을 할 수 있도록 일대일로 개별 지도를 지원해 주었다.

나름 만반의 준비를 했지만 유준이가 직업 현장 체험을 하는 첫날, 복지관에서 다른 일을 하면서도 온통 신경은 그곳에 가 있었다. '유준이가 자원봉사자는 만났을까? 약속한 출근 시간은 지켰을까? 어렵게 구한 사업체인데 사장님이 하루 만에 생각을 바꾸는 건 아닐까?' 이런저런 생각이 들면서 무엇 하나 집중할 수 없었다.

"선생님, 유준이 오늘 잘 마치고 집으로 갔어요."

"선생님, 유준이 집에 잘 도착했습니다. 고맙습니다."

나는 자원봉사자와 유준이 어머니의 문자를 받고 나서야 안심이 되었다.

몇 주간은 유준이의 직업 체험 활동이 순조롭게 진행되는 듯했다. 유준이는 마트에 가는 토요일을 기다렸고, 또 친구들에게 사장님을 자랑하기도 했다. 하지만 언젠가부터 종종 지각을 하기 시작했고, 어느 날은 말없이 결근을 했다. 유준이, 그리고 유준이를 도와주는 자원봉사자와 이야기를 했다. 마트 사장님은 교육 차원에서 유준이가 업무에 집중하지 못하거나 속도가 느릴 때마다 꾸지람을 했었나 보다. 그때마다 유준이의 자신감은 낮아졌고, 직업 체험 활동에 대한 흥미도 떨어진 것이다. 마트 사장님에게 지적장애인의 특성, 그리고 유준이의 특성에 대해 세심하게 설명하지 못한 것 같아 사장님에게도, 유준이에게도 미안했다.

이후, 매주 마트 사장님을 만나 유준이의 활동을 함께 점검하고, 소소한 것에도 칭찬해 주기를 당부 드렸다. 그렇게 유준이는 다시 넉살 좋은 모습으로 돌아왔고, 중학교를 졸업하는 날까지 마트에서 직업 체험 활동을 지속했다. 유준이가 중학교 3학년 4월부터 일을 했으니 상당히 오랜 시간 동안 직업 체험을 한 것이다. 그동안 분명 우리가 알지 못하는, 그리고 전해 듣지 못한 어떠한 발전이 있었을 것이다.

6명의 학생 중 가장 기능이 좋았던 태호는 대학생 자원봉사자들과 저녁을 먹기 위해 우연히 들렀던 피자 가게 사장님의 지원으로 직업 체험 활동을 시작하게 되었다. 태호는 기억력이 좋고, 간단한 덧셈과 뺄셈도 가능할 정도로 인지 수준도 높았지만 가까운 거리라도 혼자 걸어서 이동하는 것을 두려워했다. 이런 태호를 위해 자원봉사자는 매주 태호의 집으로 가서 함께 피자 가게로 출근했고, 또 활동을 마치고 나면 집에 데려다주었다. 자원봉사자의 역할이 너무 크고 중요했기 때문에 대학생들의 시험 기간이 다가오면 불안해졌다. 언제까지나 자원봉사자에게 의지할 수는 없었다. 태호뿐 아니라 다른 학생들 모두 같은 상황이었기 때문에 모두에게 혼자 이동하는 방법을 가르치기로 했다. 학생들의 개별 기능 수준에 따라 혼자 지하철, 버스 타는 방법을 가르치기도 했고, 몇몇은 버스정류장까지만이라도 혼자 나올 수 있게 했다. 생각보다 많은 시간이 필요했다. 나와 학부모들은 안전사고에 대한 불안감과 싸워야 했지만, 결과적으로는 학생들의 성장을 도울 수 있었다.

　태호는 생각보다 빨리 피자 가게로 혼자 출근할 수 있게 되었다. 1개월 만에 태호는 혼자 걸어서 피자 가게로 출퇴근을 했다. 물론 출근 시간을 맞추지 못할 때도 있었고, 길을 잃어 급하게 태호를 데리러 간 적도 있었지만, 큰 문제없이 혼자서 출퇴근이 가능하게 되었다.

　태호에게 주어진 일은 배달용 피자 박스를 접는 것이었다. 다른 학생들에 비해 집중력이 좋고, 상대방과 일상적인 대화도 가능했기 때문에 직업 체험 활동 역시 누구보다 잘 해낼 것이라고 기대했다. 피자 가게 점장님에게도, 그리고 아르바이트생에게도 태호의 자랑을 많이 해 두었다. 직업 체험 활동 첫날, 예상대로 태호는 큰 어려움 없이 자신의 업무를 완수했다. 그리고 현장 체험이 2개월 정도 진행되었을 때 태호의 직무수행 능력은 향상되었다. 점장님과 의논하여 태호의 업무를 하나 더 추가했다. 새로운 업무는 테이블 세팅 업무였다. 그런데 그때부터 자원봉사자의 활동 일지에는 태호가 새로운 직무에 집중하지 못하고 순서를 자주 잊는 등 자원봉사자의 도움이 줄어드는 게 아니라 계속 늘어났고, 이것은 몇 주간 반복되었다.

　태호에게 주어진 테이블 세팅 업무는 손님이 오기 전에 포크와 나이프, 티슈, 접시를 테이블 위 정해진 곳에 순서대로 놓는 것이었다. 태호가 첫 번째 업무를 쉽게 완수했기 때문에 우리는 태호에게 이 모든 것을 한꺼번에 이해하고 수행하기를 기대한 것이다. 인지 기능이 뛰어났던 태호였지만 여러 가지 직무를 한꺼번에 기억하는 것은 무리였다. 또 반복되는 자신의 실수에 더 긴장하고 의기소침해 있었다.

내가 너무 조급하게 생각했었나 보다. 충분히 해낼 수 있을 거라고 생각했던 일이 태호에게는 버거웠나 보다. 아니면 좀 더 시간이 필요했을지도 모른다. 태호에게는 소소하지만 충분한 강점이 있었고, 더군다나 혼자 직업 체험 활동 장소로 이동할 수 있게 된 것, 직무를 확대한 것은 큰 성과였다. 그런데 나는 태호에게 내재되어 있는 잠재력과 강점을 끌어내지 못한 채 조급하게 태호의 빠른 변화만을 기대했다. 그런 태호에게 미안한 마음이 들었다.

이후 나는 마음을 고쳐먹었다. 태호의 강점과 자원을 찾고, 작은 변화가 있을 때마다 칭찬과 지지를 아끼지 않았다. 이러한 지지는 자원봉사자, 학부모, 학교 특수교사와 함께 협력했다. 그리고 조급해 하지 않기로 다짐했다. 이후 태호는 점차 새로운 업무에 잘 적응했고, 그해 연말에는 자신을 달인이라고 이야기하면서 직업 체험 활동에 자신감을 보이기까지 했다.

학생들을 강점으로 바라보는 것의 중요함, 그리고 학교 특수교사, 학부모, 자원봉사자, 지역사회와의 협력적 팀워크의 힘을 느낄 수 있었다.

　어느덧, '방과 후 학교 희망나무' 프로그램의 6명의 학생과 헤어진 지 7년이란 세월이 흘렀다. 그사이 나는 첫 직장을 그만두었다. 앞만 보고 쉼 없이 달려왔던 나 자신을 돌아보고 싶어 도미니카공화국으로 가서 2년 동안 자원봉사 활동을 했다. 그리고 앞으로의 삶을 더 값지게 살아야겠다는 생각, 전문성을 갖춘 사회복지사가 되고 싶은 생각에 지금은 대학원 박사 과정에 재학 중이다.

　그 당시에 유준이가 중학교 3학년이었으니 이제는 20세를 훌쩍 넘긴 성인이 되었겠지. 문득 6명의 학생이 어떻게 지내고 있는지 궁금했다. 연락처를 따로 남겨 놓지 않아서 연락이 어려웠으나, 유준이가 무엇을 하면서 지내는지 무척 궁금했다. 그리하여 연락처를 수소문하여 전화를 걸었다.

　유준이는 반갑게 전화를 받아 주었다. 마트에서 과자를 정리했던 일, 바리스타 체험을 했던 일, 연극 공연을 했던 일 등 많은 것을 기억하고 있었다. 지금은 직업재활원에 다니며 일하고 있다고 했다. 직업재활원까지 혼자 버스를 타고 출퇴근한다고 했다. 뿌듯하고 고마웠다. 그렇다. 유준이가 혼자 버스를 타고 출퇴근을 하고 있는 것이 고마운 것이다. 그리고 직업재활원에 다니면서 월급까지 받고 일을 한다고 하니 더 고마웠다. 우리는 그때의 기억을 되살리려는 듯이 한참을 통화했다.

23세 청년 사회복지사의 첫 번째 직장 사회복지관. 그곳에서 '방과 후 학교 희망나무' 프로그램을 통해 만난 6명의 장애 학생과 함께한 시간은 사회복지사로서 성장통을 경험하게 했고, 결국 나를 더욱 단단하게 만들었다. 그때의 추억들은 나를 미소 짓게 한다. 일을 하면서 참으로 행복했다고 고백할 수 있는 직장인들이 얼마나 될까? 나는 이렇게 하나씩 꺼내 볼 수 있는 추억을 가진 행복한 사회복지사인 것 같다.

'방과 후 학교 희망나무' 프로그램은 장애 청소년들이 고등학교를 졸업하고 성인사회로 원활히 전환하는 데 좋은 밑거름이 되었다고 생각한다. 나에게 6명의 학생과 함께했던 순간이 좋은 기억으로 남아 있는 것처럼, 학생들에게도 그때의 기억이 행복했던 순간으로 남아 있으면 좋겠다. 이 개구쟁이 청소년들이 어떤 모습으로 자랐을지 참으로 보고 싶고 궁금하다.

4

묻지 못해서 미안해요!

글. 박혜진

"지선 언니! 잘 지내고 있죠?"

"너무 오랜만이죠!"

"언니랑 지용이, 지희 보러 가고 싶은데, 뭐 먹고 싶어요?"

이런 질문에 지선 언니는 항상 "선생님, 커피 먹고 싶어요."라고 한다. 나보다 나이가 많은 지선 언니는 지금도 나를 '선생님'이라고 부른다. 이런 호칭이 이상하면서도 '그럼 어떻게 불러야 하나?' 생각해 봐도 딱히 떠오르지 않는다. 지금 우리는 서로를 '선생님'과 '언니'로 부르고 있다. 앞으로도 우리의 호칭은 쭉~ 이럴 것 같다.

나는 7년 전에 장애인복지관에서 재가복지사업을 담당했다. 그때 만난 지선 언니와 동생들, 삼 남매는 모두 지적장애인이다. 아버지가 돌아가신 후, 삼 남매는 살고 있던 부산 시골집을 떠나 지금은 울산에 있는 장애인 거주시설에서 생활한다. 나는 부산에서 사회복지사로 근무하고 있고, 지선 언니는 울산에 있어 자주 만나기는 힘들지만, 거주시설 담당자와 연락하면서 안부를 듣고 있다. 가끔은 지선 언니와 동생들을 만나곤 한다.

  오랜만에 찾아가 얼굴을 볼 때면 동생들은 어제 만난 듯 활짝
웃으며 나를 맞아 준다. 하지만 지선 언니는 오랫동안 만나지
못해 서운한 마음이 들어서인지 뾰로통해 있다. 말하지 않아도
얼굴에 그렇게 쓰여 있다.

  그러나 잠시 시간이 지나면,

  "선생님! 어제 영화 봤다. 옷도 사고……."

  "요즘은 뭐가 제일 재미있어요?"

  "일 하는 거, 재밌어요."

  "일하러 다녀요?"

  "예!"

  "어떤 일 해요?"

  "사무실에서 복사도 하고, 쓰레기도 정리하고……."

  끊어질 듯 대화가 이어진다.

  지선 언니와 동생들은 거주시설에 잘 적응하고 있고, 조만
간 삼 남매는 거주시설에서 그룹 홈으로 거주지를 옮길 준비
를 하고 있다. 그룹 홈은 일반 가정과 같은 아파트, 연립주택에
서 3~4명의 장애인이 생활하는 소규모 거주시설이다. 생활재
활교사의 도움으로 장애인들이 지역사회와 소통하면서, 스스로
사회에 적응할 수 있도록 지원하는 곳이다. 울타리가 쳐져 있지
않은 그룹 홈에서의 생활이 걱정되기도 하지만, 자신의 삶을 책

임지고, 하나씩 만들어 가는 기쁨을 그곳에서 느낄 것이다.

첫 만남

나는 대학을 졸업하고, 종합사회복지관에 입사했다. 다양한 업무 중 장애인과 함께하는 프로그램을 기획할 때가 가장 신나고 행복했다. 그때 처음으로 '내가 사회복지사로 일을 하고 있구나!' 하는 생각이 들었다. 그렇게 해서 내 인생 두 번째 직장은 장애인복지관에서 시작되었다. 장애인복지관에서 재가복지 업무를 담당하고 있던 어느 날!

띠리리~ 복지관 사무실에 전화벨이 울렸다.

"우리 동네 지선이가 장애인인데 그 집이 엉망이에요~."

동네 이장님의 전화 한 통을 받고 지선 씨 집을 방문했다. 보통 재가복지사업에서 도움을 요청하는 의뢰가 접수되면 직접 집을 찾아가 가정방문 조사를 한다. 가족 구성, 경제 상황, 건강 상태, 지역사회 관계 등을 조사하는 것이다.

가정방문 조사를 위해 나는 지선 언니네 집을 방문했다. 집 대문을 열고 발을 내디딘 순간, 눈앞에 보이는 충격적인 장면! 집 마당에는 온갖 쓰레기가 널브러져 있었다. 방 안에는 누울 수 있는 공간만 겨우 남겨 둔 채 온갖 짐들로 가득차 있었다. 그리고 조금 전에 먹었다는 밥상은 '이 음식을 먹었다고? 어떻게 이걸? 상한 게 아니었을까?' 하는 여러 가지 생각이 들었다. 처음 지선 언니 집을 방문했을 때의 충격을 아직도 잊을 수 없다. 하지만 지선 언니와 동생들, 아버지의 얼굴은 편안해 보였고, 미소 짓는 동생들의 얼굴에서는 행복함이 느껴졌다.

　이런 생각도 잠시 나는 지선 언니의 집을 방문한 후 '이 집을 어떻게 해야 하나?' 어디서부터 해야 할지 막막했다. 하지만 마음 한쪽은 이상하게도 가슴이 뛰고, 다급해졌다. 나는 복지관에서 도움을 줄 수 있는 서비스와 프로그램, 자원봉사자와 후원자, 주민센터 등 지역 자원을 동원할 수 있는 대로 모두 끌어모아 지선 언니 가족을 매일같이 만났다.

　말로 다 표현할 수 없는 상태였던 방의 짐들을 하나씩 꺼내기 시작했다. 고장이 났는지 오랜 세월 사용하지 않은 물건들, 곰팡이가 많이 핀 이불은 원래 색이 어떤 색인지 알 수 없을 정도였다. 방 안의 짐들이 마당에 수북하게 쌓여 갔다. 지선 언니와 동생들은 '와~많다. 엄청 많다~'라고 해맑게 외쳤고, 그런 삼남매의 모습에 나도, 자원봉사자도 함박웃음을 터트렸다. 오늘의 고됨과 걱정이 조금은 사라지는 느낌이랄까 묘한 기분이었다.

　지선 언니의 집은 많은 분의 도움으로 깨끗하게 정리가 되었다. 이후에도 이웃과 자원봉사자들이 정기적으로 방문했다. 지선 언니 가족과 이야기를 나누면서 식사 준비, 집 청소 등을 도왔다. 지선 언니와 가족은 복지관에서 생일 행사, 외출 동행, 나들이, 그리고 매주마다 목욕을 하고, 점심 식사도 함께했다.

유난히 추웠던 그날

찬바람이 매섭게 불던 어느 추운 겨울 날!

여느 때와 같이 그날도 지선 언니 가족은 복지관 목욕탕에서 씻은 후, 복지관 차를 타고 집으로 향했다. 집 근처 큰길에 지선 언니와 가족을 내려 주고 50m쯤 갔을까? '집으로 잘 가고 있겠지' 하며 백미러를 보는 순간!! 지선 언니의 아버지가 바닥에 쓰러지셨다.

급하게 후진해 지선 언니의 아버지를 보는 순간, 급박한 상황을 직감하고 119에 신고했다. 119 구급대원들은 가까운 병원에 우리를 내려 주었다. 도착한 병원에서는 뇌출혈인데 위급한 상황이라며 더 큰 병원으로 가야 한다고 했다. 병원에 오면 해결될 것으로 생각했는데, 다급한 나와는 다르게 병원 의사와 간호사는 으레 있는 일이라 그런지 너무나 여유로워 보였다.

지선 언니 아버지는 휠체어에 앉은 채 의식이 뚜렷하지 않았고, 소변을 바지에 지린 것을 보면서 이런 상황까지 오게 만든 119 대원들도, 의사와 간호사도, 나 자신도 너무 싫고 원망스러웠다. 시간이 많이 지체되어 치료가 가능한 병원에 도착해 중환자실로 옮겨졌다. 그렇게 며칠 중환자실에 계시다 결국 지선 언니, 지용이, 지희와 이별하게 되었다. 장례식장에는 남매 셋이 전부였다. 연락되는 사람, 찾아오는 사람 하나 없이 그렇게 남매 셋이 쓸쓸하게 아버지를 보내드렸다.

남매 셋만 남다

아버지의 장례를 치르고 도착한 집은 조용하고 적막하기까지 했다. 아버지가 이제 함께하지 못한다는 것을 지선 언니와 동생들도 알기에 말없이 그 슬픔을 함께하는 것 같았다. 성인이지만 아버지에게 의지하며 살아온 남매에게 해 줄 수 있는 것은 안전하게 생활할 수 있는 거주시설이라고 생각했다.

마침 지선 언니와 동생들이 함께 지낼 수 있는 거주시설이 있어서 30여 년간 살아온 정든 집은 정리되었다. 아버지와 오랫동안 함께했던 곳을 떠나는 시간은 정말 얼마 걸리지 않았다. 지선 언니와 동생들이 아버지를 기억하고, 이별을 받아들이며 슬퍼할 시간이 없었다. 나를 비롯해 마을 이장, 주민센터 담당자는 살던 곳을 정리하고 최대한 빨리 거주시설에서 생활할 수 있게 하는 일에만 급급했다.

　곧바로 지선 언니와 동생들은 거주시설에 입소했다. 너무나 낯선 곳, 낯선 사람들 사이에서 지선 언니와 동생들은 적응할 시간이 필요했다. 한동안 "집에 가고 싶어요. 가고 싶다. 집에……."라는 말을 계속했다. 아버지와 함께했던 그곳을 마음에 담고, 새로운 곳에 조금씩 적응해 나갔다.

계속되는 죄책감

　지선 언니의 아버지는 갑작스럽게 돌아가셨고, 지선 언니와 동생들은 거주시설에 입소했다.
　시간이 어느 정도 흘렀지만, 나는 이 일을 떠올릴 때마다 죄책감이 든다. 지선 언니의 아버지를 이송해 주었던 119 대원은 왜 환자의 상태를 확인하지도 않고, 무조건 가까운 병원에 내려 줬는지, 그리고 처음 방문했던 병원에서는 응급환자가 도착하면 바로 환자의 상태를 확인하고 다른 병원으로 옮길 수 있도록 처치하지 않았는지, 지선 언니의 아버지가 중환자실로 갈 때까지 난 무엇을 했는지, 내가 제대로 대처하지 못해 지선 언니와 아버지를 이별하게 만든 것 같아 너무나 괴로웠다. 그래서였을까? 지선 언니 아버지의 기일이 돌아오면 지선 언니와 동생들이 더 많이 생각나서 매년 그즈음에 얼굴을 보러 가곤 했다.

지선 언니와 동생들은 거주시설에 살면서 자신이 원하는 것을 선택하고, 스스로 해 나갈 수 있도록 계속해서 연습했다. 지금은 지선 언니와 동생들이 버스를 타고 영화관도 가고, 쇼핑도 하고, 맛있는 것도 먹으러 다닐 정도로 발전했다. 지적 능력이 다른 거주인들에 비해 우수하여 조만간 그룹 홈으로 거주공간을 옮길 계획이다. 지금 살고 있는 거주시설이 좋기는 하지만 아버지와 살던 집을 지금도 많이 그리워한다. 거주시설 입소 후 가끔 살던 집을 가 보기도 하고, 명절이 되면 동네 이장님께 인사를 드리러 가기도 했다.

묻지 못해서 미안해요!

나에게는 정이 넘치고 자식을 너무나 사랑하는 외할머니가 있었다.

외할머니는 치매 증상과 거동이 불편하셨지만 "나는 다른 데 안 가고 가족, 친구들이 있는 우리 동네, 우리 집에서 살다가 가고 싶다."라고 이야기하셨다. 하지만 병세가 심해지면서 자식에게 누가 될까 봐 병원에 입원하셨고, 얼마 후 우리 가족은 외할머니와 이별해야 했다.

　나는 지선 언니의 아버지가 돌아가신 후, 지선 언니와 동생들에게 아버지와의 추억이 있는 이곳에 계속 살고 싶은지, 시설에 가서 살고 싶은지를 묻지 않았다. 나는 당연히 시설로 가야한다고 생각했다. 남매 셋 모두 지적장애를 가지고 있고, 함께 살던 아버지가 돌아가셨기 때문에 묻지도 않고 당장 입소 가능한 시설, 조금 더 환경이 좋은 곳을 찾는 것이 내가 할 수 있는 최선이라고 생각했다.

　예전 복지관에서 함께 근무했던 국장님이 했던 말씀이 있다.

　"의사는 환자를 10분 정도 만나 아픈 곳을 치료한다.
　하지만 사회복지사는 그보다 많은 시간을 함께하면서 그 사람의 삶을 함께 고민하고 다양한 방법을 찾아 주는 일을 한다. 사회복지사는 한 사람의 삶에 영향을 미친다는 것! 소중하고 가치 있는 일이라는 것을 항상 생각해야 한다."

　지선 언니의 아버지가 돌아가신 지 벌써 7년이 지났다. 가끔 나는 이런 후회를 한다.

지선 언니와 동생들은 아버지와 함께했던 시골집에서 계속 살아갈 수도 있지 않았을까?

아버지는 없지만 남은 가족은 그것을 더 바라지 않았을까?

아버지와의 추억이 있는 그곳에서 살 수 있도록 이웃, 자원봉사자들의 도움을 연계할 수도 있었을 텐데, 왜 그땐 선택할 수 있도록 기회를 주지 못했을까?

"언니! 아버지와의 추억이 있는 이곳에서 계속 살고 싶어? 아니면 거주시설에 가서 살고 싶어?"라고 정확하게 묻지 못했을까?

지선 언니와 동생들의 삶은 복지관의 사회복지사, 주민센터의 공무원, 동네 이장님 어느 누구도 결정 내릴 수 없다. 당사자에게 묻고, 의논하고, 그들이 원하는 삶을 살아갈 수 있도록 다양한 이웃, 자원봉사자, 전문가들이 함께해야 한다는 것을 알고 있다. 하지만 그러지 못했다. 지선 언니와 동생들에게 묻지 않았다. 아니 물어보아야 한다는 생각조차 하지 못했다. 왜? 삼 남매는 장애를 가지고 있기 때문에……. 이 글을 쓰면서 나는 꺼내보기 싫었던 몇 년 전의 나를 다시 만나게 되었다. 그때의 내가 부끄럽고, 또 지선 언니에 대한 미안함이 아직도 사라지지 않는다.

　지금 내 앞에서 웃고 있는 지선 언니와 동생들의 모습을 보고 있자니 복잡한 생각은 여전하다. 시간이 지나면 괜찮을 줄 알았는데 나는 여전히 삼 남매에게 미안하다. 오늘은 용기를 내어 마음 깊숙이 묻어 두었던 미안함을 전하고 용서를 받고 싶지만 쉽게 입이 떨어지지 않는다.

　묻지 못해서 미안해요.

5
현우가 만들어 가는 세상

글. 김지은
. . . .

✻✻✻✫✿✫✻✻✻

2019년 8월, 30도가 넘는 무더위가 한풀 꺾인 이 시점에 우리는 모두 다 자신만의 방식으로 자신이 만들어 놓은 공간에서 자신만의 세계를 만들어 살고 있다. 같은 하늘 아래 함께 숨 쉬며, 같은 시간과 공간을 공유하면서 살아가고 있지만 참 다른 모습으로 살아가는 꿈 많고, 하고 싶은 것 많은 현우의 이야기를 들려 주고 싶다.

마주하다

2년 전 이곳 지적장애인 거주시설로 직장을 옮기고 모든 것이 낯설게만 느껴져서 내가 있어야 할 자리가 맞나라는 의구심마저 들 때, 아무런 망설임도 없이 다가와 말을 건네던 아이, 그 아이가 바로 현우였다. 현우는 알아듣기에 조금 불명확한 발음으로 빠르게 반복해서 자신이 말하고 싶은 것을 계속 나에게 말하고 설명해 주었다.

"부산대학교로 가는 지름길 아세요?"
"제가 알려 드릴까요?"

"다른 쌤도 이 길 몰랐는데 제가 알려 줬어요."
"이 길이 제일 빨라요."
"진짜 빠르죠?"

쉴 새 없이 얘기하는 걸 정신없이 듣다 보니 우리는 목적지에
도착했다. 이것이 현우와의 인상 깊었던 첫 만남이었다.

사람은 모두 저마다의 매력을 가지고 있지만 조금 더 눈길이
가고, 조금 더 세심하게 바라보게 되는 아이, 그 아이가 바로 현
우였다. 훤칠한 키에 큰 눈망울, 입만큼이나 움직임도 빠르고,
눈에서 분주함이 느껴지며, 에너지 또한 넘쳤다.

다이소와 미니소에 가면 점원보다 물건 찾기를 더 잘하고 물
건을 PR이라도 하듯이 특징과 사용법에 대해 콕콕 찍어서 설명
해 주는 그야말로 다이소 척척박사였다. 현우와의 만남은 이렇
게 다이소를 함께 가는 것에서부터 시작되었다.

현우는 일곱 살 때 여기에 와서 거의 10년이란 시간을 이곳에
서 생활해 왔다. 처음에는 한시도 가만히 있지 못해서 여러 선생
님을 힘들게 하는 아이였지만, 시간이 지나 이제는 세상 모든 고
민을 홀로 안고 있는 아이가 되었다. 또 누구와도 말하기 싫고
혼자만 있고 싶은 사춘기 시절도 보냈지만, 지금은 선생님들의
필요를 알고 말하지 않아도 알아서 도와주는 듬직하고 든든한

존재이다.

　현우는 생김새만큼이나 다양한 나이대의 사람들이 어우러져 사는 이곳, 지적장애인 거주시설에서 살고 있다. 가족이 없거나 가족이 있지만 여러 가지 사정이 있어 함께 살 수 없기에 이곳에 오게 된 우리 입주자들이 서로에게 새로운 가족인 셈이다. "가지 많은 나무에 바람 잘 날 없다"라는 말처럼, 가족이 너무 많아서 함께 웃을 일도 함께 울 일도 많은 가족, 그게 이곳 가족의 모습이다. 나이를 초월해서 장남같이 믿음직하고, 선생님들의 신임을 받는 아이로 현우를 설명하면 현우의 모습이 그려지지 않을까?

　현우와 마주하고 현우와 얘기하다 보면 현우에게만 느껴지는 분명함, 바로 현우만의 세계가 있다.

> 꽃은 참 예쁘다.
> 풀꽃도 예쁘다.
> 이 꽃 저 꽃 저 꽃 이 꽃
> 예쁘지 않은 꽃은 없다.
>
> 〈꽃은 참 예쁘다 - 섬진강 아이들〉 중에서

알아가다

어린 시절 현우는 지금의 모습과는 전혀 다른 그야말로 말썽꾸러기, 흔히들 얘기하는 매를 부르고 보호자를 힘들게 하는 아이였다. 7세 무렵에 이곳으로 와서 생활하게 되었는데, 자기 맘대로 되지 않으면 선생님에게 매달리고, 선생님을 깨물고, 다른 사람을 때리고 꼬집기를 반복하며 옆에 있는 것을 보이는 대로 마구 던지기 일쑤였다.

한 번 울기 시작하면 온 건물이 울리듯 10분이고, 20분이고 계속해서 악을 쓰며 울던 아이의 모습, 주변 사람들을 너무 힘들게 하던 아이의 모습, 그게 바로 어린 시절의 현우의 모습이었다.

그때 현우를 양육했던 선생님들은 그 시절 현우에 대한 얘기를 하면 고개를 절레절레 흔든다.

엄마의 손길이 필요한 나이에 엄마 품이 아닌 낯선 선생님들의 품에서 낯선 사람들과 함께 생활해 오면서 오롯이 자기편이 되어 주는 사람 없이 어린 시절을 보낸다는 게 현우에게는 얼마나 힘들었을까? 하루하루의 삶 속에서 말할 수 없는 불안감이 자라났고, 그 불안감이 현우를 끊임없이 말하고 움직이고 행동하는 분주함으로 나타나게 한 것 같다.

 누구나 어린 시절의 성숙하지 못한 모습이 있기 마련이고, 그
와 같은 미성숙은 성장해 감에 따라 또 여러 가지 경험을 해나
가면서 변화되고 승화되어 바람직한 모습으로 자리 잡아 가는
법이다. 현우 또한 그랬다. 정말이지 선생님들을 너무나 힘들
게 했던 현우, 그런 현우를 한결같은 모습으로 애정을 쏟으며
신경을 썼던 선생님들의 노력 덕분에 현우는 조금씩 변하기 시
작했다. 선생님들을 깨물면서 다른 사람들을 때리면서 자신의
욕구를 표현했던 것에서 원하는 것을 가리키거나 말로 표현하
기 시작했다. 또 우는 시간과 우는 횟수도 줄어들었다. 엄마였
고 아빠였다면 통제가 되지 않는 아이를 매로 다스릴 법도 한
데 선생님이기에 매가 아닌 인내심으로, 한결같은 태도로 현우
를 바라보고 기다려 주었다.

 선생님들의 한결같은 마음과 애정 어린 마음을 현우도 머리
가 아닌 마음으로 느끼고 알아 가지 않았을까? 보통의 사람들
보다 아는 것은 조금 적고 이해하는 것은 느리지만 진심은 느
껴지고 통하는 법이니까.

 현우에게는 선생님들만큼이나 현우를 믿고 지지해 준 엄마,
아빠 같은 분이 계신다. 바로 마음으로 현우를 품은 가족 봉사
자다. 현우와 같은 나이의 아들이 있는 그분들은 현우를 또 한
명의 아들로 생각하며 현우와 함께 7년이란 시간을 보내 왔다.
현우는 가족 봉사자와 함께 친척 집도 가고, 캠핑도 가고, 함께

시간을 보내면서 가족의 정을 배우고 느껴온 것 같다. 현우는
알지 모르겠지만 현우가 가족 봉사자 얘기를 할 때면 자신감이
넘치고 뭔가 자랑하고 싶은 게 보인다. 마치 어린 아이들이 엄
마, 아빠 얘기를 할 때 든든해 하고 자신감이 넘치는 것처럼 말
이다. 현우에게 가족 봉사자는 또 하나의 새로운 가족, 든든함
인 것이다.

아무것도 알지 못하는 어린 나이에 가족과의 이별을 통해 가
족의 의미도, 가족이란 느낌도 경험하지 못한 시간들이 있지만
선생님들을 통해 또 가족 봉사자들을 통해 새로운 가족의 의미
를 알게 되지 않았을까?

현우에게는 마음으로 품은 새로운 가족, 특별한 가족이 있다.

함께 느끼다

나는 직업 특성상 누군가를 대할 때 그 사람의 기능 수준에
대해 초점을 맞추고, 앞으로 그 사람이 어떻게 하면 좀더 기능
을 향상시키고 개선할 수 있을까를 많이 생각한다. 이것이 바
로 작업치료사의 직업병이다. 현우를 대할 때에도 그랬다. 현
우가 할 수 있는 것과 하지 못하는 것을 알기에 급급했고, 또 내
가 현우를 위해서 무엇을 할 수 있는가에 초점이 맞춰졌다.

치료 시간을 함께하면서 현우는 자신의 관심사에 대한 이야

기를 많이 했고, 자신이 하고 싶은 것에 대해 많이 들려 주었다. 내가 제안하는 치료 과제나 활동에 대해서도 자신이 원하지 않는 것은 분명히 얘기했고, 그러면 나도 현우가 원하는 활동을 할 수 있도록 수용해 주었다. 현우는 지적 능력이 일반인과 비교해 조금 부족하지만, 자신의 선호도가 분명하고 그걸 표현할 수 있는 아이였다. 웬만한 것은 혼자서 하는 현우를 보면서 나는 조금 더 욕심을 냈다.

　현우가 앞으로 사회에 나가 사회의 한 구성원으로 살아가기 위해 필요한 여러 가지 측면의 능력을 증진시켜야 한다고 생각했다. 하지만 현우는 그와 같은 필요성을 특별히 느끼지 못했다. 우선 현우의 지적 능력을 향상할 수 있는 여러 가지 활동을 제안했지만, 현우는 그런 활동보다는 만들기 활동이나 게임 하는 것을 더 좋아했다. 현우의 욕구를 반영해서 치료 시간에 만들기를 할 때면 현우가 나에게 만드는 법을 설명하면서 알려 줄 때도 있었다.

　현우는 눈썰미가 있고, 손재주가 좋은 편이라서 보고 만들기도 척척 해냈다. 남들처럼 설명서를 읽고 따라서 만들지는 못했지만, 유튜브를 보면서 방법을 익히고 또 그대로 만들어 내곤 했다. 어느 날은 치료 시간에 현우에게 화투짝 맞추기를 알려 주었는데, 그 후로 스트레스를 받거나 다른 게 하고 싶지 않

을 때면 현우가 즐겨 찾는 게임이 되어 버렸다. 치료 시간이 아
닐 때에는 현우가 좋아하는 다이소에 가서 구경도 하고, 맛집도
가고는 했다. 부산의 여러 지역을 구경하면서 시간을 함께했고,
서로의 생각을 알게 되면서 공감이라는 것을 하게 되었다.

　현우가 가장 좋아하는 장소 중 하나는 다이소다. 다이소라는
이름처럼 없는 거 빼고는 다 있는 곳이기도 하고, 현우의 주머
니 사정에 맞는 쇼핑지인 셈이다. 보통의 아이들은 사고 싶은
게 있을 때 부모님을 설득하든, 떼를 쓰든 해서 살 수 있지만 현
우와 같이 이곳의 아이들은 자신의 용돈을 모아서 자신이 사고
싶은 것을 사다 보니 현우에게 이곳은 너무나 친숙한 장소가
되어 버렸다. 그래서 현우는 다이소에 가는 걸 좋아하고, 다이
소에 있는 물건에 대해 속속들이 꿰고 있는 것이다.
　현우와 같이 있다 보면 현우에게서 볼 수 있는 습관 한 가지
가 있다. 조금 당황하거나 불안할 때 손톱을 물어뜯는 모습인
데, 여전히 현우에게 낯선 사람과 낯선 공간이 주는 불안감은
남아 있는 것 같다. 그래서 현우는 이곳을 벗어나 낯선 곳에 혼
자 가기를 주저한다. 새로운 경험을 할 때에도 약간의 망설임
을 보인다. 처음에는 이해되지 않는 모습 중 하나였지만, 나 자
신을 돌아보면서 지극히 당연한 모습인 것 같다고 생각했다.
나도 겉으로는 아닌 척하지만 낯선 상황을 싫어하고, 내가 불

편한 자리에는 가지 않으려고 하고…….

　나는 현우보다 나이가 훨씬 많고 다양한 경험을 했지만, 어쩌면 현우처럼 세상에 맞설 용기가 없다는 생각이 들었다. 현우에게는 이미 만들어져 모두가 공유하는 세상이 아닌 현우만의 세상이 있다. 현우가 현우만의 세상을 만들어 가듯, 나도 나의 세상을 만들어 갈 용기가 더 생기면 좋겠다.

만들어 가다

그래요 난 난 꿈이 있어요

그 꿈을 믿어요 나를 지켜봐요

저 차갑게 서 있는 운명이란 벽 앞에

당당히 마주칠 수 있어요

언젠가 나 그 벽을 넘고서

저 하늘을 높이 날을 수 있어요

이 무거운 세상도

나를 묶을 수 없죠 내 삶의 끝에서

나 웃을 그날을 함께해요

〈거위의 꿈-카니발〉 중에서

현우에겐 참 많은 꿈이 있다. 푸드 트럭 분식집 사장님부터 스쿨버스 운전 기사, 미니어처 제작자, 무엇이든 고치는 만물 수리공까지. 지금도 계속 바뀌고 있지만 현우는 하고 싶은 게 많은 만큼 많은 꿈을 꾸며 하루하루를 살아간다. 사람들은 쉽게 이루어지지 않는 꿈이라고 생각할 수도 있겠지만, 현우는 자신이 하고자 하는 꿈을 간직한 채 세상 속으로 나아간다. 자신만의 세계를 가지고.

이곳 장애인 거주시설에서는 계절마다 여행을 가고, 평소 나들이도 많이 가는데 현우가 입버릇처럼 하는 얘기가 있다.

"저는 운전면허 따서 카니발에 선생님들과 입주자들 태우고 여행도 가고, 나들이도 갈 거예요."

"쌤들 출퇴근도 시켜 드릴 거예요. 쌤도 그때까지 계시면 제가 태워 줄게요."

립 서비스 같은 말일지라도 참 고맙고 뿌듯하다. 현우의 꿈이 담겨 있어서 더 여운이 남기도 하고.

"쌤, 이 차 보세요. 제가 만든 거예요."

"민들레카예요. 똑같죠?"

토미카에 아크릴판을 잘라 붙이고 색칠을 해서 미니어처 자동차를 만든 것이다. 자동차가 한 대, 두 대 새롭게 만들어지면서 현우는 자신의 세상을 만든다.

이면지를 잘라서 별을 접고 재활용품을 이용해 만들기를 하면서 대부분의 사람에게 버려지는 것들이 현우의 손에서 다시 태어난다. 그래서 현우만의 세상 속에 꼭 필요하고 귀중한 것들로 자리 잡아 간다.

　치료사로서 현우에게 무엇을 해 줄 수 있을까를 고민하다가 현우에게 더 많은 세상을 보여 주자는 결론을 내렸다. 지적장애인이 운전면허를 따기 위해 무엇이 필요한지 알아본 후 알려 주었고, 이제 함께 운전면허 시험을 준비하려고 한다. 또 만들기를 좋아하는 현우에게 목공예를 배울 기회를 마련해 주었다. 아직 가야 할 길이 멀고 멀지만 조금 느리더라도 서두르지 않고 가끔은 뒷걸음치더라도 꿈을 가지고 계속해서 나아간다면 현우만의 더 큰 세상을 만들어 갈 수 있지 않을까?

　우리가 만들어 놓은 세상 속에 현우를 데려다 놓는 것이 아니라 현우가 만든 세상 속에 우리가 들어가 보는 것은 어떨까?

　그게 바로 어울림, 함께하고 함께 사는 세상이라 생각한다.

시작하기

　누구나 크고 작은 꿈을 가지고 자신만의 세상을 그려 가며 살아간다. 현우가 만들어 가는 세상 또한 그렇다. 꿈 많은 아이 현우가 우리의 세상 속에서 자신이 만든 세상을 펼쳐갈 수 있도록 바라봐 주고 응원해 준다면 현우의 꿈은 현실이 되어 현우만의 세상이 아닌 함께하는 세상이 될 수 있을 것이다.

  우리 다 같이 바라보는 세상에서 함께하는 세상을 시작해 보는 건 어떨까?

  나는 내가 있는 곳, 이곳에서 내가 마주하는 사람들의 이웃이 되려고 한다.

  편견이 아닌 따뜻하고 편안한 시선으로.

  오늘도 나는 치료사가 아니라 거주인들의 이웃으로 출근하고 싶다.

현우가 만든 현우의 집
2018년 '인권을 그리다'라는 원내 행사에서 만든 현우의 집이다.
재활용품을 이용해서 만든 작품으로, 입체와 평면의 조화를 이루어
현우의 집, 현우의 삶의 공간을 한눈에 알 수 있게 표현했다.

현우의 꿈을 담은 소망의 별
현우가 6개월 정도 접은 꿈을 담은 소망의 별이다.
이면지를 잘라 접어서 만든 별로, 현우는 별을 접으면서
자신의 꿈에 대한 희망을 하나둘씩 키워 나갔다.

현우의 세상을 움직이는 자동차
이 세상에 유일한 현우만의 자동차이다.
토미카를 이용해 새롭게 제작한 미니어처로, 현우의 세상을 맘껏 활주하고
현우가 세상으로 나아가는 날개가 되어 줄 것이다.

세상의 소리를 들려주는 스피커
세상의 소리를 들으며 세상과 소통할 수 있는 현우만의 스피커가 될 것이다.

6

느린 혁명

글 · 김정일
· · · · · · · · · ·

느린 혁명[1]

키는 148 센티미터요,
탄탄한 체력과
환상적인 눈웃음의
슈퍼마리오를 닮은
지적장애 26세 청춘 권준호

혼자 버스 타기
깔끔하게 옷 차려 입기
면도하기
대인관계 하기
일에 집중하기
과제 완성하기
모두가
반복된 훈련을 통해 얻을 수 있는

---

1 김정일(2019). 『행복연습』에서 인용.

생존 기술

달콤 살벌했던 첫 직장
임금 체불 두 번째 직장
보배로 거듭난 세 번째 직장에서
몸으로 갈고닦은
5년의 생존 기술이 발휘되다

지적장애로 태어나
아들의 역할을
학생의 역할을
형과 장남의 역할을
직업인의 역할을
서툴지만
아주 느리게
완벽히 수행하는
준호의 느린 혁명

천부의 재능은
가족과 사회와 나를 위해
발휘하는 것,

그리고

느리지만

분명하게

앞으로 가는 것이

인생이다

이기기 위한 삶이 아니라

조화와 균형을 이루는 삶이

행복하게 사는 공존 기술임을

준호에게서 배운다

　나는 두 번째 직장에 사직서를 제출하고 3개월을 아무 생각 없이 쉬다가 2011년도에 부산으로 직장을 옮겼다. 장애인복지관에서만 세 번째 직장이다. 내가 맡은 주요 업무는 장애인복지관에서 취업을 희망하는 장애인들을 상담하고 사업체를 개발하여 취업을 지원하는 업무였다. 처음 살아 보는 부산에서, 모든 것이 생소한 이곳에서 준호는 내가 처음으로 취업까지 성공한 장애인 친구였다. '느린 혁명'은 그동안 함께해 온 준호의 취업 성공기가 감동적이어서 지은 시다. 이 시를 쓰고 6개월 후 준호는 하늘나라로 갔다.

어느 월요일 오전, 준호가 일하고 있는 사업체의 실장님으로
부터 연락이 왔다. "선생님, 준호가 죽었대요. 토요일에도 일
잘하고 갔는데 가슴이 답답해요." 곧바로 준호 어머니에게 전
화를 했다. 준호 어머니는 나지막한 목소리로 흐느끼며 자초지
종을 얘기했다. 새벽 5시 즈음에 큰 소리가 나서 깼는데 준호가
화장실에서 쓰러져 있었단다. 119를 부르고 심폐소생술을 해
서 겨우 의식이 돌아왔는데 다시 혈압이 많이 낮아져서 가까운
남산동 침례병원에 입원했다. 머리가 아프고 어지럽다는 마지
막 말을 남기고 다시 의식을 잃었다. 수술도 하지 못하고 먼 길
을 떠났다. 준호의 가족은 정확한 죽음의 원인을 알지 못했다.
다만 이틀째 손이 저리다는 말을 했고, 새벽에 쓰러졌으니 심
장이나 뇌혈관에 문제가 있지 않았을까 추측할 따름이다. 만약
살아났으면 많은 후유장애가 있었을 텐데 죽을 때까지 효도하
고 간다고 아빠는 말했다. 26세의 지적장애 청춘. 세 번째 직장
에서 10개월을 근무하면서 이제야 좋은 직장과 동료를 만나 행
복한 둥지를 틀기 시작했는데 준호의 갑작스런 죽음은 사업체
동료들과 사장님, 장애인복지관 교사들, 무엇보다 가족에게 충
격이었다.

가족회의에서 아들의 장례를 아주 단출하게 하기로 했단다.
어떻게 도울까 고민하다가 우선 준호와 친하게 지냈던 고등학
교 특수학급 단짝 친구들의 어머니께 연락해서 상황을 전달하

고 자녀와 함께 장례식장을 방문하도록 부탁했다. 지난 5년 동
안 복지관에서 진행한 프로그램 사진 중에서 잘 나온 사진과
동영상을 정리하여 CD에 담아 건네 드렸다. 5일 전에 사업체
에서 찍은 동영상을 보면서 한참을 울었다. 지적장애인이 자
동차 부품 회사에 취업하기도 쉽지 않은데 준호는 인정받는 모
범 사원이 되었다. 직무 능력을 인정 받아 감히 지적장애인에
게는 주어지지 않는 대형 프레스 기계를 조작하고 있었다. 얼
마나 감격스러운지 그 장면을 목격한 순간 곧바로 동영상을 찍
었다. 다음 주에 있을 취업자 송년모임 때 어머니에게 보여 드
리기 위해서였다. 준호에게 모범근로자상을 수여하기로 했는
데…….

　복지관에서 취업을 준비하고 있는 훈련생들과 교사들, 취업
한 친구들과 함께 장례식장을 방문했다. 어머니와 친구 한 분,
아버지만 빈소를 지키고 있었다. 남동생에게는 아직 알리지 않
은 상태였다. 빈소에서 우리는 한참 동안 서로를 바라보며 울
기만 했다.

　준호는 자신의 의사를 잘 전달하지 못하는 지적장애인이다.
그렇기에 우리는 대화보다는 활동, 웃음과 미소, 눈빛으로 더
많이 소통했다. 준호의 환한 미소와 매력적인 눈웃음을 잊기
어려울 것이다. 언제나 "힘들지 않냐?"고 묻는 말에 "괜찮아요,

안 힘들어요."라고 당당하게 대답하는 그 체력과 책임감에 박
수갈채를 보냈다.

　나는 경남 사천이 고향이지만 대구에서 대학을 다녔고, 그곳
에서 직장도 얻었다. 16년 정도 대구에서 살았다. 이상하게 대
구에 사는 사람들은 대부분 대구를 떠나지 않는 경향이 있다.
대구를 떠나면 죽는 줄 안다. 나도 대구를 떠나서 사는 것을 고
려해 본 적이 없지만, 직장 때문에 대구를 떠나 남해에서 2년
가까이 살았다. 대구를 떠나도 잘살 수 있고, 너무나 좋은 게
많다는 것을 그때 깨달았다. 그리고 첫 직장을 옮기는 것이 얼
마나 어려운 것인지, 그리고 옮기고 나면 얼마나 좋은 게 많은
지도 그때 알았다. 무엇이든 처음이 가장 어려운 것이다. 새로
운 경험은 좋든 싫든 항상 개인에게 발전을 제공한다.

　부산에서 세 번째 직장생활을 할 때 참으로 외로웠다. 까다
롭게 생긴 나랑 친구 하자는 사람도 없고, 나이가 들어 친구를
사귀는 것이 여간 어려운 일이 아니었다. 이럴 때면 준호에게
전화를 했다. "준호야, 주말에 근무하나? 선생님이랑 자전거 탈
래?" 준호는 주말마다 자전거를 탄다. 종종 나에게 문자메시지
를 보내기도 했다. '선생님 자전거 같이 타요.' 준호 집이 남산
동이기 때문에 우리는 보통 부산대학교 근처에서 만나 온천천
산책로를 따라 광안리나 해운대 동백섬까지 자전거를 탔다. 산

책로와 자전거 도로가 너무 잘되어 있고 주변 경관도 참으로
예쁘다.

일 년에 한 번 정도 준호랑 자전거를 탔다. 한 달에 한 번꼴로
자전거 같이 타자는 문자가 오는데 안 탈 수가 있나! 초여름, 자
전거 타기 좋은 날에 우리는 약속을 하고 부산대학교 근처에서
만났다. 어제도 야근을 했단다. 자동차를 너무나 좋아하는 준
호는 자동차 부품 회사에서 일을 한다. 처음에는 사장이 채용
여부를 놓고 망설였지만 채용 3개월 만에 매우 만족해 하셨다.
엄청나게 성실하고 일을 잘하기 때문이다. 그래서 주말근무와
야근도 준호의 몫이었다. 그래도 항상 피곤하지 않단다. 그리
고 이놈의 체력이 얼마나 좋은지 내 비싼 자전거로도 따라잡을
수가 없다. 고등학교 때 100m를 12초대에 뛰었다던데 사실인
것 같다.

통영 욕지도 문화탐방 여행에서…
앞쪽이 마리오 준호, 뒤쪽이 지은이[2]

첫 월급을 받던 날 저녁 식사를 하고
부모님, 동생 선물을 사고 편지를 썼다.

---

2 복지관의 직업적응훈련 프로그램에는 '문화탐방'이라는 훈련 프로그램이 있다. 통영 욕
   지도에서의 1박 2일 여행을 위해 발달장애인들은 석 달 전부터 준비하고, 의논하고, 여행
   을 하면서 사회생활을 몸소 배웠다.

해운대 동백섬 입구 카페에서

동백섬으로 라이딩 가던 날

식품 제조 공장의 도장찍기 직무에서 지원고용 훈련 중

자동차 부품 공장에서 전기 스팟 업무 수행 중

자동차 부품 공장에서 대형 프레스 업무 수행 중

우리의 첫 번째 라이딩은 부산대학교에서 광안리 해수욕장까지였고 1시간 정도 소요된 것 같다. 정말 가까웠다. 자전거도로 주변 경관이 환상적이었다. 광안리 해수욕장에 도착해서 주변을 산책하며, 길거리 공연도 보고 나니 출출했다. "준호야, 뭐 먹고 싶어?"라고 물으면 항상 돼지국밥이나 고기를 먹고 싶다 한다. 나는 채식주의자는 아니지만 채식 위주의 식단을 즐기며 돼지고기는 전혀 먹지 않는다. 둘이서 한참 식당을 찾아 헤매다가 배가 고파 들어간 곳이 고작 해수욕장 앞에 있는 냉면집이었다. 그래도 만두를 시켜 주니 좋아했다.

우리는 두 번째 라이딩을 해운대 동백섬으로 정했다. 부산대학교 근처에서 식사를 했다. 광안리 부근은 밥값이 너무 비싸고 맛도 별로다. 준호는 고기를 먹자고 했지만 자전거를 세워 놓을 곳도 마땅치 않고 해서 찾고 찾은 곳이 손칼국수 집이다. 마당도 있고, 자전거 세울 곳도 있다. 준호는 고기를 먹지 않아 기분이 썩 좋지 않은 모양이다. 그래도 칼국수를 많이 먹었다. 동백섬은 광안리보다 약간 더 멀다. 중간에 자전거 도로가 끊겨서 신호등을 몇 개 건너야 했다. 그래도 우리는 쉬지 않고 한 번에 목적지까지 도착했다. 동백섬 입구에 멋진 커피숍이 있어서 우리는 커피숍 실외의 전망 좋은 곳에 자리를 잡아 자전거를 주차하고 커피를 마셨다. 기분 좋은 주말이다. 커피를 마시고 동백섬을 돌아보기로 했다. 동백섬 입구에 경비원이 있어 자전거를 타도 되냐고 물으니 된다고 해서 우리는 신나게 동백섬 산책로를 달렸다. 그런데 갑자기 어떤 어르신이 역정을 내면서 우리를 세웠다. 자전거 출입 제한 구역이었다. 입구의 경비원은 아마 입구 공원에서는 자전거를 타도 된다는 의미였던 것 같다. 우리는 서로를 바라보며 썩소를 짓고는 자전거에서 내려 산책로를 걸었다. 욕은 먹었지만 동백섬 산책로는 참으로 예뻤다.

　돌아가는 길에 목이 말라 "준호야 맥주, 먹을래?" 했더니 이놈의 눈가에서 살인미소가 발사된다. 커피를 마실 때의 눈과는 사뭇 다르다. 동백섬 입구 맞은편 편의점에서 맥주를 사서 해운대 마린시티를 바라보며 우리는 맥주를 마셨다. 갈증도, 동백섬 산책로에서 만난 어르신의 역정도 함께 해소되는 시원한 맛이었다.

　우리는 세 번째 라이딩을 다시 광안리 해수욕장으로 잡았다. 해운대는 자전거 도로가 끊겨서 불편하기 때문이다. 이번에는 식사를 하지 않고 광안리로 바로 갔다. 식사를 하고 난 후의 라이딩은 별로이기 때문이다. 우리는 광안리 수변공원에 앉아 광안대교를 바라보며 여유를 즐겼다. 정말 예쁘긴 예뻤다. 배가 출출해서 밥을 먹어야 하는데 준호에게 "뭐 먹을까?" 하고 물으니 역시 "고기"라고 한다. 바로 뒤를 돌아보니 수변공원 회센터가 보였다. 주위를 자세히 보니 회센터에서 회를 사서 먹고 있

는 사람들이 꽤 있었다. 그래서 "회 먹을래?" 하니 환한 미소로
"좋아요."라고 한다. 회센터에 가니 그야말로 장관! 엄청난 수
산시장이다. 여기저기서 우리를 부른다. 이곳저곳을 살폈다.
혹시나 자연산이 있을까 해서… 대부분 양식이었다. 어떤 아주
머니가 "이거 자연산 부시리 아닙니꺼." 한다. 다시 한 번 "자연
산 맞아요?"라고 물으니 "부시리는 양식이 안돼예." 한다. 검푸
르게 생긴 놈이 비늘도 많고, 상당히 크다. 둘이서 이거 다 먹
을 수 있을까 걱정될 정도였다. 그래도 자연산이라는 말에 냉
큼 샀다. 회 뜨는 아주머니의 솜씨가 예술이다. 우리는 서로를
바라보며 흐뭇한 미소를 교환했다. 회와 함께 초장, 고추, 깻
잎, 상추, 마늘까지 포장을 해서 주니 푸짐하다. "준호야, 막걸
리 먹을래?"라고 물었는데 그놈의 미소가 회를 뜰 때보다 더 환
해진다. 금정산성 막걸리를 샀다. "우리 아빠도 산성막걸리 먹
어요." 준호가 말했다. 우리는 수변공원 해변에서 광안대교를
바라보며 자연산 부시리를 먹으며 잔을 기울었다. 나는 회보
다 구운 생선을 더 좋아한다. 하지만 처음 먹어 본 부시리의 쫄
깃한 맛과 향이 엄청 좋았다. 그 많은 회를 둘이서 아쉬울 만큼
다 먹어 치웠다. 준호는 의사표현을 잘하지 못한다. 질문에 웃
음으로 대답하는 경우가 많고, 주로 단답형으로 짧게 말한다.
하지만 수변공원에 마주앉아 우리는 많은 이야기를 나누었다.
회사 이야기, 여자 친구, 복지관 선생님들, 부모님, 친구들… 우

리는 눈빛과 표정으로 더 많이 대화했다. 사랑하는 연인과 나
누기에도 부담스러울 대화들을…….

　네 번째 라이딩을 하자는 문자와 전화가 종종 왔지만 바쁘다
는 핑계로 차일피일 미루다 결국 하지 못했다. 준호 부모님과
종종 만나면 이런 이야기를 한다. 그리고 준호가 하늘나라로
갔던 그 해와 그 전년에도 자전거를 함께 타지 못한 것이 참으
로 후회가 되었다. 그동안 준호 덕분에 장애인 고용업무를 하
면서 얼마나 행복했는지, 보람되었는지 모른다. 일을 하면서
지적장애인 친구에게서 이렇게 많은 감동과 교훈을 받을 줄은
상상도 못한 일이다. 준호를 잊지 못할 것이다.

　　　홀연히[3]

　　　천천히
　　　아주 천천히
　　　왔다가
　　　홀연히
　　　떠나버린

3　김정일(2019). 『행복연습』에서 인용.

너

너와 나눈

말은 적지만

너와 나눈

눈빛은

헤아릴 수 없으니

그 눈빛

어이 잊으리

26세

피 끓는 청춘은

어찌 하라고

그리도

급하게 숨어 버렸나

이제

너의 웃음을

동무삼아

이 지겨운 생을

버텨 보리

이제
너의 웃음과
어깨동무하고
네가 간 길을
미소 지으며
살아 보리

힘들단 말일랑
혀끝에
머물지 못하도록
마냥
웃어 보리

  '홀연히'라는 시는 준호를 생각하며 지은 시이지만 사실 준호
의 부모님을 위해 지은 것이다. 준호가 죽고 5일 후에 복지관에
서 취업한 장애인 근로자들을 대상으로 송년모임 행사를 했다.
이날 준호가 모범근로자상을 받기로 되어 있었다. 어머니께서
는 꼭 아들의 상을 대신 받고 싶다고 했다. 힘들면 오시지 않아
도 된다고 했지만, 결국 어머니는 송년모임에 참석해서 아들
의 모범근로자상을 대신 받았다. 여자는 약하나 어머니는 강하
다는 말은 사실인 것 같다. 장례의 모든 절차를 마친 후 준호의

부모님이 복지관을 방문했는데, 이때 드리기 위해 쓴 시가 '홀
연히'다. '이제/ 너의 웃음을/ 동무삼아/ 이 지겨운 생을/ 버텨
보리// … 힘들단 말일랑/ 혀끝에/ 머물지 못하도록/ 마냥/ 웃
어 보리'는 준호의 어머니와 아버지를 위한 것이다. 준호처럼
그냥 웃자고, 웃어 보자고… 힘들어도 항상 '괜찮아요, 안 힘들
어요!' 했던 그놈처럼.

그 친구[4]

생각만 해도
눈물이 나는
사람이 있다

사진 속에서
동영상으로
가끔씩 그 친구를
한참 들여다보다
눈이라도 마주치면
눈물이 난다

---

4 김정일(2019). 『행복연습』에서 인용.

부고를 받은 지

2년이 다 되어 가는데

가끔씩 그 친구가

생각나면

눈물이 난다

동명이인의 친구에게

마음을 주려 하지만

그 친구와 나눈 눈빛이

잘 잊혀지지 않는다

1년에 한두 번 준호네 가족과 식사를 한다. '그 친구'는 준호네 가족과 식사를 약속한 후 지은 시다. 혹여나 죽은 아들을 더 생각나게 할까 봐 A4 용지에 프린트해서 봉투에 넣었다가 전달하지 못한 시다. 시집이 나온다면 보여 드릴 수 있을까?

준호 어머니와 이런 이야기를 했다. "복지관에 그림을 잘 그리는 친구가 있는데 이름이 권준호예요. 지적장애로 등록되어 있지만 자폐성 장애도 약간 있고, 그림을 기가 막히게 잘 그려요. 그 친구에게 정을 주려고 하지만 우리 준호를 잊을 수가 없네요."

"정말요? 보고 싶다, 그 친구! 어떻게 이름이 똑같을 수가 있지예. 참말로 신기하네……." 그러신다.

준호의 부모님은 12월이 되면 복지관을 방문한다. 아들을 고향 산청 부모님 묘에 뿌렸는데, 12월이면 아들이 생각나서 산청으로 드라이브를 갔다가 복지관을 방문한다는 것이다. 매번 직업적응훈련생들이 먹을 수 있도록 준호가 좋아하는 걸 푸짐하게 사 오신다. 3년 동안 계속 오시더니 작년에는 오시지 않았다. 본인 스스로 이렇게 말씀하셨다. "어떻게 잊어요. 그렇게 예쁘고 착한 아들을…… 평생 못 잊습니더."

1개월 전에 준호가 다녔던 '주식회사 정도'라는 자동차 부품 회사에 지적장애인 친구 1명을 소개했다. 커피원두를 볶는 회사의 '외포장 직무'에서 일을 아주 잘하는 친구였는데, 2년 반 정도 다닌 회사 업무가 지겹고 대우가 좋지 않아 이직을 희망했다. 자동차 부품 회사는 일이 어렵고 상당한 체력이 요구되기 때문에 지적장애인이 근무하기에는 어려운 직무다. 하지만 이 친구는 태권도 3단을 취득하고 4단 승단을 준비하는 멋진 지적장애 친구다. 그래서 준호가 일하던 업무에 이 친구를 추천했는데 대표님은 흔쾌히 승낙했다. 하루 현장 체험을 하고 곧바로 근로계약이 이루어졌다. 취업한 지 1개월이 지났는데…… 일을 잘 하긴 하지만 준호에 비하면 아직 많이 미흡하단다.

준호는 이 회사에서 일한 지 10개월이 되었을 무렵에 하늘나라로 갔다. 일을 한 지 며칠 만에 자신의 업무를 습득했고, 업무수행 능력이 매우 우수했다. 무엇보다 준호의 태도를 칭찬했다. 처음 면접을 보던 날 준호가 보여 준 태도에 우리 모두는 놀랐다. 30분 정도 면접을 보았는데, 준호는 여느 지적장애인 구직자들처럼 어눌하고 더듬거리며 면접에 임했다. 하지만 자동차 부품을 만드는 현장을 방문했을 때 준호의 태도는 180도로 돌변했다. 자신이 많이 했던 전기 스팟 업무에서는 "이거 해 봤어요."하며 자신감을 보였고, 처음 보는 대형 프레스가 어떤 것인지 질문을 했고, 로버트 용접 기계를 보았을 때에는 눈에서 빛이 났다. 이런 모습은 나도, 부모님도, 대표님도 처음이라 우리는 모두 준호의 그런 태도에 놀라지 않을 수 없었다. 채용 이후에도 준호는 새로운 기계에 대한 놀라운 호기심과 집중력, 강한 체력과 작업 숙련도를 보여 모범사원이 되었다. 말은 잘 하지 못하지만 항상 웃으며 먼저 다가가 인사를 했다. 이런 순박하고 귀여운 준호를 싫어하는 사람은 단 한 사람도 없었다.

사업체의 대표님은 지난주에 이런 말을 하셨다.

"우리 아버지가 돌아가셨을 때 10년 동안 보고 싶고 생각났어요. 준호가 죽고 나서 엄청 생각났어요. 회사의 보배였으니까 엄청 그리웠죠. 한참을 잊고 살았는데, 부장님이 또 좋은 근로자를 소개해 주셔서 지적장애인 근로자가 또 들어오니까 문득 준호가 생각나고 보고 싶더라고요. 기분이 좀 그랬어요.”

'준호가 보고 싶다'는 말에 공감한다. 그 느낌이 무엇인지 아니까. 준호가 죽은 지 4년이 다 되어 간다. 아직도 가끔씩 그놈이 보고 싶다. 부모가 자식을 잃으면 가슴에 묻는다고 하지만 죽은 아들에 대한 기억을 간직하는 것보다 계속 누군가와 되새기고 이야기하는 것이 더 위로받지 않을까 하는 생각이 문득 들었다. 그래서 가끔 준호의 가족과 만나 준호에 대한 이야기 꽃을 피울 생각이다.

슈퍼마리오를 닮은 내 친구 준호는 지적장애로 태어나 사랑을 받고 자랐고, 아들의 역할을, 형의 역할을, 직장인의 역할을, 무엇보다 준호의 역할을 서툴지만 아주 느리게, 완벽하게 살고 간 좋은 친구였다. 그 친구는 가족을 위해 자신의 웃음과 재능을 아끼지 않았고, 은혜를 받은 사람에게는 반드시 멋진 눈웃음과 살인미소를 넘치도록 베풀었으며, 자신을 부당하게 대우하는 사람에게는 화를 낼 줄 아는 당당한 사람이었다. 그 친구는 자기가 불리할 때 미소 짓는 법을 나에게 가르쳐 주었고, 직장생활이 지치고 힘들어도 자전거를 타거나 운동을 해야 한다고 말해 주었고, 아주 서툴고 느리지만 분명하게 앞으로 나아가는 것이 인생임을 가르쳐 주었다. 느림이 혁명임을 가르쳐 준 그 친구가 보고 싶고 그립다.

그리움

부모가 돌아가면
10년 동안
보고 싶고, 그립고, 눈물이 나다
서서히 잊혀진다

자식이 떠나가면
평생 가슴에 묻는다
추억의 길을 거닐다
저 모퉁이에서 문득
그놈이 기다리고 있는 듯
그리운 눈물이 난다

손때 묻은 물건을 정리하면
잊혀질까
그놈이 타던 자전거라도 없애면
잊혀질까
아무리 궁리해도
가슴에 묻는 게 낫겠다는 생각이 든다
언제든지 쓰다듬을 수 있게

어제도
오늘도
내일도
그럴 것이다
보고 싶은 눈물이 난다

문뜩
가슴에 묻은
그놈의 이야기꽃을 피우는 게
낫겠다는 생각이 들었다
잊혀지지 않도록
가슴이 응어리지지 않도록

보고 싶지 않을 때까지
우리는 그놈의 이야기꽃을
계속 피울 것이다
눈물이 나지 않을 때까지

7

특별한 우리 동료

글. 구지영

나는 요양원에서 사회복지사로 일하고 있다.

스스로 일상생활을 하는 데 어려움이 있는 어르신들을 돌보는 요양원에서는 요양보호사를 흔히 요양원의 꽃이라고 한다. 수발 업무를 어떻게 하느냐, 어떤 마음가짐으로 하느냐에 따라 어르신들의 삶의 질이 달라질 수 있어 그만큼 중요하기 때문이다.

처음 장애인복지관에서 요양보호사 보조일자리로 발달장애인을 배치하는 것에 대해 어떻게 생각하는지 물었을 때 당황스러웠다. 노인성 질환이나 치매로 일상생활에서 대부분 도움이 필요한 힘든 어르신들을 모시느라 하루가 바쁜 요양보호사들이 장애인 친구들에게 여러 차례 상황을 설명하며 일감을 나눌 수 있을지 걱정이 앞섰기 때문이다.

나의 걱정과 달리 원장님과 국장님은 "장애인 친구들을 우리가 먼저 안아야지. 힘든 일보다 그 친구들이 할 수 있는 단순한 업무를 반복적으로 가르쳐 가면 되지 않을까? 걱정하지 말자."라고 안심시켜 주셨다. 직원들도 "우리 일을 같이 나눈다고요. 한 손, 한 손이 귀한 곳인데 같이 거들면 훨씬 좋지요."라며 기대감을 표현했다.

우리 시설에서 요양보호사 보조일자리가 자리 잡는 데 2년
정도의 시간이 필요했다.

학교를 갓 졸업한 장애인 친구들은 3개월 정도가 지나니 어
르신들의 간식 컵 씻기, 쓰레기 분리수거, 식사 카 이동, 세탁물
정리 등 요양보호사들을 도와가며 더이상 반복적인 설명 없이
도 맡은 일을 잘 해냈다.

보조일자리로서 자기 할 일은 분명해졌지만 사람을 대하는
데 있어서의 경험 부족과 여러 이유로 어르신들을 툭툭거리며
대하거나 감정을 조절 못해 벌어지는 소소한 사건들이 쌓이다
보니 결국 사업 3년 차에 다른 친구들을 배정해 주길 장애인복
지관에 부탁했다. 하지만 이 과정에서 확실히 알게 된 것은 반
복 훈련을 하면 요양보호사 보조일자리로 장애인 친구들이 충
분히 업무 수행을 잘할 수 있다는 사실이었다.

반면, 우리 기관이 지향하고 있는 존엄케어를 위해서는 빠른
업무수행 능력보다는 어르신들과 생활을 나누고 정을 나눌 만
큼 사람을 좋아하고, 공손하고, 예의 바르게 어르신을 대하는
친구들이 배정되어야 했다.

우리 요양원에는 지금 3명의 발달장애인 친구들이 일하고 있다.

다른 요양원에서 오랜 기간 일했던 경험을 지닌 경필 씨와 처음 일을 배우는 호정 씨, 작년부터 일해 왔던 서영 씨다. 현재 배치된 발달장애인 친구들은 다정한 오누이처럼 사이좋게 지낸다.

다른 요양원에서 5년 이상 근무하다 온 경필 씨가 배치되었을 때 제일 걱정스러웠다. 시설마다 나름의 분위기가 있다 보니 적응을 잘할 수 있을지 우려가 컸다. 경필 씨는 수줍고 내성적인 성격 탓에 어르신에게 다가서는 데 시간이 걸렸으나 공손하고 차분했다. 맡은 업무를 시간은 제법 걸려도 꼼꼼히 성실하게 해냈다.

기관에서는 원장님, 국장님을 중심으로 장애인 채용에 대해 우호적인 생각이 많았기에 요양보호사 업무 하중을 덜며 실제 도움이 되는 화장실 청소 전담직원으로 채용을 제안했다. 하지만 피부 질환으로 건강 관리에 신경을 써야 하는 경필 씨는 가족과 의논 후 몸에 무리가 될 수 있는 업무라고 판단하여 거절했다. 자신이 낯을 많이 가려서 생활실에서 맡겨진 일만 열심히 하겠다고 하더니 지금은 어르신들 곁에서 프로그램 보조도 자연스럽고, 어르신들의 이야기를 귀기울여 들으면서 든든히

제 몫을 해내고 있다.

아쉽게도 그 이후 기관에서 장애인 채용은 보류가 되었다. 직접 고용에 따른 퇴직금과 사회보험을 고려했을 때 기관 부담이 너무 커서 엄두를 낼 수 없었기 때문이다.

올해 배정된 호정 씨는 과묵한 친구이구나 했는데 날이 갈수록 양파껍질 벗겨 내듯 새로운 모습을 보여 준다. 만나기가 바쁘게 있었던 이야기를 하며 수다를 풀기 시작한다. 하루는 오늘 이친절 어르신께서 "너는 일을 참 잘하네."하고 칭찬을 해 주셨다며 얼굴에 웃음이 가득한 채 숨가쁘게 말을 한다. 며칠 뒤에는 "김화남 어르신께서 내 머리를 당기며 이유도 없이 화를 냈어요. 전 정말 아무 일도 안 했거든요." 하며 울상이다.

얼마 전에는 이친절 어르신을 지켜봐 달라고 선생님이 특별히 당부했는데 다른 일을 하다가 지켜보기를 놓치고 말았다. 갑자기 그 어르신이 주저앉았는데, 자기 때문에 어르신께 무슨 일이 생긴 것이 아니냐며 울음을 터트리기도 했다. 조금씩 어르신들에 대한 책임감을 느껴 가는 모습이 대견스럽다.

지난해부터 일을 해 온 서영 씨는 처음에는 웃지도 않고 얼굴에 그늘이 보였다. 그러다 한 달이 채 안되어 얼굴이 피어나기 시작하더니 지금은 누구보다 환한 얼굴로 방글방글 웃으며 어르신께 다가가 '식사는 드셨는지' '밤새 편안했는지' 수다스럽게 안부를 묻고 어르신을 다정하게 만지는 손길이 멈추질 않는다. 생활실에서 누구보다 이름이 많이 불리고 사랑받는 친구다. 서영 씨는 일 년 전 건강상의 이유로 출퇴근 시간이 제법 긴 이곳을 그만두고 다른 데로 갈까 잠시 고민하더니 어르신들이 보고 싶고, 선생님들과도 헤어지기 싫다면서 힘든 출근길을 마다치 않고 열심히 근무하는 정 깊은 친구다.

이 특별한 친구는 어느새 우리 직원들이 힘들어 하는 김우울 어르신의 손녀가 되어 버렸다. 김우울 어르신은 심한 기분장애로 인해 다른 사람에게 폭력적 행동을 서슴지 않으신다. 자기 세계 속에서 정신적 어려움을 겪으며 주변 사람들을 적으로 생각하신다. 가족도 감당 못 하시는 김우울 어르신이 유일하게 인정하는 손녀가 된 것이다. 어르신의 컨디션과 기분을 고려하여 식사를 침상 밖에서 드시도록 돕고, 간간히 야외 공간으로 산책도 모시며, 어르신께서 조금이라도 편하게 지내시도록 거들고 있다.

우리 요양원 직원들은 장애인 친구들에게 오전 9시부터 오후 3시까지의 근무 시간, 무리되지 않는 일감과 적절한 책임, 시간당 최저 임금 이상의 임금과 다양한 자조모임 활동 지원 등 농

딤처럼 꿈의 직장을 다닌다고 부러워한다.

자조모임이 있거나 병가나 개인 휴가로 장애인 친구가 못 오는 날에 생활실을 가면 요양보호사들이 하는 말이다.

"오늘 경필 씨가 안 와서 빈자리가 느껴지고, 우리가 힘들어요."

나는 이런 말에,

"일손이 아쉬워 그런 소리하지요." 하고 장난을 걸면,

"우리가 경필 씨가 그리워서 그래요." 한다.

함께 생활해 온 시간 동안 장애 여부를 떠나 이미 우리는 동료가 되었다.

발달장애인 보조일자리가 배치되지 않은 마을에서는 왜 우리만 미움을 받느냐며 농담을 한다. 어떻게 하면 보조일자리를 배치 받는 영광을 누릴 수 있는지 알려 달라고 한다.

장애인복지관에서 진행하는 발달장애인 요양보호사 보조일자리사업을 협력해 왔던 몇 해의 시간은 담당자인 나도, 직원들도, 우리 발달장애인 친구들도 함께 성장해 온 날들이었다.

우리가 경험한 발달장애인 요양보호사 보조일자리사업은 장애인 친구들에게는 일하는 보람을, 요양원 직원들에게는 장애인들과 함께 삶과 일을 나누는 기회를, 어르신들께는 새로운

말벗과 사귐이 이뤄지는 최고의 사업이었다.

　나는 정부의 장애인복지일자리 정책으로 이 사업이 계속 이어지고 확대되기를 소망한다. 그래서 특별한 우리 동료의 출근길이 계속 이어지길 바란다. 더불어 전국의 노인요양원에서 발달장애인들이 5시간 근로의 적절한 업무와 책임, 노동 강도로 일할 수 있기를 간절히 소망해 본다.

8

나도 너만큼 행복했으면

글. 김경민

도대체 누구랑 그렇게 싸워요?

그와 난 13년 전에 사회복지사와 주간보호센터 이용자로 처음 만났다. 그는 지적장애인으로, 말대꾸를 잘하는 고집쟁이 동갑내기 효섭 씨다.

주간보호센터 신규 이용자와 담당 사회복지사는 서로에게 적응하기 위한 탐색 시간이 필요했다. 일명 기싸움을 할 시간이. 효섭 씨와 나는 적응 기간 동안 말 그대로 정말 자주 싸웠다.

움직이는 걸 싫어하지만 지루한 것도 힘들어 하는 효섭 씨. 규칙을 고집하고, 정해진 수업을 따라오지 못하면 잔소리를 해대는 주간보호센터 초보 담당자인 나. 이런 둘은 말싸움과 기싸움을 반복했다. 잘못을 지적하는 나에게 효섭 씨는 한숨을 쉬며 "도대체 왜 이래요?" "그만합시다."라고 말을 해 나의 혈압을 높이기 일쑤였다. 효섭 씨의 반응에 참을성이 부족했던 난 더더욱 목소리가 올라가고, 그 또한 목소리가 더 커져서 다른 이용자들이 우리 눈치를 보거나 다른 곳으로 피하는 경우도 있었다. 옆방 치료사가 "도대체 누구랑 그렇게 싸워요?"라고 묻거나 "오늘 또 싸워요?"라고 자주 말했다. 지금 생각해 보면 그 당시 효섭 씨는 다른 사회복지사가 지적하면 양손을 들어서 어깨를 으쓱하거나 모르겠다는 표정을 지으며 상황을 회피하려고 했다. 그러나 나에게는 항상 말대꾸와 불만을 표현했다. 아마 효섭 씨는 나와 자신이 동갑인 걸 알았던 것 같다. 그때 효섭 씨에게 나이를 물으면 아무 말 없이 나를 가리키거나 나를 보며 웃곤 했던 걸로 봐서 동갑인 걸 알고 나에게만 말대꾸를 한 것으로 생각된다.

효섭 씨가 고집을 부려 말싸움을 길게 한 날에는 효섭 씨 어머님에게 일상생활 안내를 겸한 하소연을 자주 했다. 그럴 때마다 효섭 씨 어머님은 나에게 힘이 나는 말씀을 자주 해 주셨다.

"선생님들이 이유 없이 혼을 냈겠어요? 효섭이가 고집이 세서 그래요. 계속 고집을 부리면 더 엄하게 혼을 내세요. 지금 한 행동이 잘못된 행동이라는 걸 스스로 알아야 해요. 안쓰러운 아이들이라고 오냐오냐만 할 수는 없잖아요. 고쳐야 할 것이 있으면 말해 주세요. 집에서 타일러도 보고, 혼도 내고 같이 노력하면 조금씩 변하겠죠."

센터 업무 중 이용자와 함께하는 것보다 보호자와의 상담이 더 힘들게 느껴질 때가 있다.

"우리 민지가 그럴 리가 없어요." "큰 소리 내지 말고 말로 잘

달래 주세요." "지금까지 다녔는데 왜 변화가 없어요?"

개인의 성향이나 문제에 따라 대처해야 하는 방법이 다름에
도 무조건 좋은 말로, 사랑으로만 봐 달라고 하는 보호자가 대
부분이다. 그러나 정작 가정에서는 이용자들을 제대로 컨트롤
하지 못하는 경우가 많다. 가정에서는 아무런 노력도 하지 않
고 드라마틱한 변화를 기대하거나, 아예 변화에 대한 기대를
하지 않고 일상생활만 제공하는 무관심한 경우도 있다. 이러한
보호자들과 상담을 진행하다 보면 담당 사회복지사로서 힘이
빠진다.

내가 13년 동안 장애인 복지관에서 근무하며 가장 기억에 남
는 이용자를 꼽으라고 하면 효섭 씨가 먼저 떠오르는 이유는
사람을 상대하는 것에 지치고 힘들어 하는 나에게 항상 반갑게
전화를 받아 주시고 따뜻한 말과 응원을 해 주신 효섭 씨 어머
님 때문인 것 같다.

조금씩 노력해 봐요

효섭 씨와 만날 당시 나는 주간보호센터를 담당한 지 1년도
안 된 초보 사회복지사였다. 복지관 입사는 3년 차이지만, 총
무팀 업무를 하다가 직접서비스를 하고 싶어 업무 변경 요청을

지속해서 한끝에 이동한 나의 소중한 업무였다. 내가 생각하는 진짜 사회복지사 업무를 하게 되었다. 하고 싶은 것도 많고 기대도 컸다.

그러나 나의 생각과 달리 다양한 특성을 가진 장애인들과 하루 일과를 보내는 것은 쉽지 않았다. 대화가 되지 않아 의사소통에 어려움이 있었으며, 하고 싶은 대로 해야 하는 이용자를 말리다가 머리를 잡혀 복도를 기기도 했으며, 얼굴에 침이나 물을 덮어쓰기도 했다. 외부 활동 중 이용자가 던진 굵은 쇠 젓가락에 생긴 어깨의 상처는 아직도 흉터로 남아 있다. 남자 이용자들이 소변이나 대변 실수하는 것을 직접 보거나 여자인 내가 주변 정리와 옷을 갈아입혀야 할 때도 많았다. 그러나 그 당시 나는 몸이 힘든 것보다 나의 뜻대로 진행되지 않는 프로그램과 행동 수정이 되지 않는 이용자들에게 화도 나고 답답함을 더 많이 느꼈다.

사회복지사가 세운 계획에 따라 이용자들은 조금씩 변화하고, 나는 그것을 발견하고 뿌듯함을 느낄 수 있을 것이라 기대했다. 행동 수정이 아닌 행동 제어만 반복하는 일과의 반복은 내가 생각한 사회복지사의 역할과 달랐다. 그때 고민과 걱정이 많은 나에게 가장 필요한 말은 보호자들의 죄송하다는 말이나 고생했다는 말이 아니었다. "함께 노력해 봐요."라는 말이 나를 더 힘 나게 했다. 자존감이 낮은 나는 현재 하는 일이나 방법이 잘못되지 않았다는 걸 확인 받고 싶었던 것 같다. 그런 나에게 효섭 씨 어머님은 항상 집에서도 주의를 주겠다고 하거나 "함께 조금씩 노력해 봐요."라고 해 주셨다.

보고 싶었어요

주간보호센터에서 근무를 하다가 나는 육아휴직을 간 팀장을 대신해서 재가복지팀으로 업무가 변경되었다. 그 주 월요일까지는 3층 주간보호센터로 출근을 하고, 화요일부터는 재가복지팀이 있는 4층 사무실로 출근을 하게 되었을 때였다. 화요일에 재가복지팀이 있는 4층으로 곧바로 출근했지만 자리에 앉아 있는 것이 어색해 11시경에 주간보호센터가 있는 3층으로 내려갔다. 나는 이용자들이 나를 무척 반겨 줄 것이라는 기대를 안고 문을 열었다. 그러나 나를 제일 먼저 발견한 이용자는 "4층 선생님 안녕하세요."라고 큰 소리로 말을 했다. 물론 전날 마지막 인사를 하며 새로운 선생님에게 적응 잘하라는 당부를 했지만, 내가 기대했던 반응이 아니었다.

실망과 당황스러움, 섭섭한 감정을 느끼고 있을 때 교구놀이를 하던 효섭 씨가 나를 발견하고는 자리에서 벌떡 일어나 두 팔을 크게 벌리면서 다가왔다. 나를 꼭 안으며 "보고 싶었어요." 라고 하는 것이었다. 그 순간 정말 울컥했다. 아마 그때부터 인 것 같다. 효섭 씨가 갑자기 뒤에서 안아도 당황하거나 기분이 나쁘지 않고 가끔 주간보호센터에 가면 내가 먼저 효섭 씨를 찾 아 인사하게 된 것이.

저희 집으로 보내 주세요

4층에서 근무를 하게 된지 4개월 정도 지났을 때였다. 갑자 기 효섭 씨 어머님으로부터 전화가 걸려 왔다. 안부 인사를 몇 번 주고받았지만 효섭 씨가 새로운 선생님에게 적응을 한 뒤로 는 연락을 하지 않았다. 효섭 씨 어머님은 조심스러운 목소리 로 전화를 걸어와 부탁드릴 일이 있다고 했다. 남편이 서울에 서 급한 수술을 하게 되어 병간호를 하러 가야 하는데 현재 주 변에서 효섭 씨를 돌봐 줄 곳이 없다고 했다. 잠시라도 있을 수 있는 곳을 알아봐 달라는 부탁이었다. 다음날 출근하여 주간보 호센터 담당자와 함께 근처 시설과 그룹 홈에 문의했지만 일주 일 정도만 입소하는 것은 어렵다고 했다. 퇴근하기 전 효섭 씨 어머님에게 알아본 결과를 전달하며 죄송한 마음이 들었다. 집 으로 오는 동안 걱정하는 효섭 씨 어머님의 목소리와 효섭 씨의 얼굴이 계속 떠올라 신경이 쓰였다.

　고민을 하다가 집에서 저녁을 먹으며 가족에게 상황을 설명하고, 우리 집에서 일주일 정도만 함께 있으면 좋겠다고 부탁했다. 가족은 장애인과 함께해 보지 않아 어떻게 도와줘야 할지 걱정했지만, 효섭 씨가 가족과 떨어져 있어야 하는 상황이 안쓰러워 승낙해 주셨다. 나는 기쁜 마음에 늦은 저녁 시간임에도 다시 효섭 씨 집에 전화를 걸어 "저희 집으로 보내 주세요."라고 말했다. 효섭 씨 어머님은 나의 기대와 달리 감사하다는 말과 함께 폐를 끼치고 싶지 않다며 주변에 더 알아보겠다고 했다. 그리고 다음 날 효섭 씨 어머님은 전화를 걸어와 효섭 씨를 부탁한다는 말을 했다. 그날 저녁에 효섭 씨의 옷가지와 그가 좋아하는 태블릿 등이 들어 있는 가방이 집으로 왔다. 효섭 씨 어머님은 아들을 맡기고 돌아가시며 여러 번 감사하다는 인사를 반복했다.

너무나 당당한 손님

　효섭 씨가 우리 집에 와 있는 사실은 주간보호센터 담당자 2명과 셔틀버스 기사님만 알고 있었다. 기관에는 보고하지 않았다. 센터 등·하원은 나의 엄마와 함께했으며, 씻는 것은 아빠와, 잠을 자고 생활하는 것은 할머니와 함께했다. 효섭 씨는 하원 후 집에서 태블릿으로 유튜브를 보거나 이어폰을 끼고 노래를 듣거나, 춤을 추며 시간을 보냈다. 할머니와 엄마는 내가 퇴근하기 전까지 효섭 씨에게서 시선을 떼지 못했다.

내가 야근을 하던 날, 저녁을 먹으러 나오지 않아 걱정된다는 엄마의 전화에 난 화가 나 효섭 씨에게 저녁 먹고 놀라고 잔소리를 하고는 전화를 끊었다. 얼마 뒤 사진 하나가 휴대 전화로 날아왔다. 엄마는 밥상을 따로 차려서 효섭 씨가 있는 방에 가져다 주셨고, 효섭 씨는 태블릿을 보면서 식사를 하고 있었다. 어이없음과 황당함. 나는 화가 났다. 나의 부모님은 밥을 제때 먹지 않으면 한 끼 정도는 굶어도 된다고 하셨던 분이며, 밥 먹을 때 텔레비전을 보면 밥그릇을 치워 버리는 분들이었다. 그런데 따로 밥상을 차려 주었다는 사실에 부모님에게 섭섭한 맘도 있었지만, 가족을 힘들게 한 것 같아 죄송한 마음도 들었다.

하루는 씻으라고 해도 씻지 않고 있다는 말에 화가 나 큰소리를 내자 오히려 가족은 낯설어서 그런 것 같다며 나를 말렸고, 효섭 씨는 할머니 뒤로 숨었다. 효섭 씨가 우리 집에서 아주 당당하게 가족의 도움을 받아들이는 것에 조금 당황스러웠다. 나는 가족에게 말이나 시범만 보여 주면 스스로 할 수 있다고 했지만 가족은 알겠다고 하면서도 고치지 못했다. 하루는 센터 하원 후 김밥이 먹고 싶다는 말에 엄마와 함께 장을 봐 와서 방에 앉아 김밥을 말고 있는 사진이 문자로 왔다. 그는 우리 집에서 당당하게 자신의 요구를 표현하고 누리고 있었다. 난 받은 사진을 모두 효섭 씨 어머님께 보내 드렸다. 밥상을 따로 받은 사진, 김밥을 말고 있는 사진, 직원들과 밖에서 저녁을 함께 먹는 사진 등을 매일 보냈다. 효섭 씨 어머님은 걱정과 감사함을 표현했다.

나의 엄마는 효섭 씨와 함께하면서 힘이 든다는 생각보다는 어릴 때 오빠와 나를 키울 때 안절부절못하던 때가 생각나서 새롭다고 말씀하셨다.

그래도 나는 사회복지사

효섭 씨가 집으로 돌아간 뒤 만약 중증 장애인인 호준 씨의 보호자가 부탁을 하면 똑같이 집에서 보살펴 줄 수 있냐는 질문을 받고 나는 대답을 망설였다. 그 이용자가 중증 장애인이어서 가족이 많이 힘들 거라는 걱정도 있었지만, 제일 큰 이유는 마음이 움직이지 않았다. 아마도 죄송하다는 말만 했을 것이다. 내가 필요할 때 효섭 씨는 나를 기억해 주었고, '보고 싶다'고 말해 주었다. 효섭 씨 어머니는 나를 신뢰하고 지지해 주

셨다. 사회복지사라면 이것이 얼마나 큰 힘이 되는지 공감할
수 있을 것이다. 주간보호센터는 이용자들에게 낮 시간 동안
보호서비스를 제공하고 하루하루를 행복하게 보낼 수 있도록
하는 데 목적이 있다. 센터에서 일과를 보내며 담당자는 모든
이용자에게 같은 서비스를 제공해야 한다. 하지만 좀더 친한
장애인도 있고, 그렇지 않는 장애인도 있다. 나도 사회복지사
이기 이전에 사람이다.

한 시대에 머물러 있는 끝말잇기

　나는 인사이동으로 다시 주간보호센터로 복귀했다. 효섭 씨
는 이전과 같이 혼자 교구놀이를 하는 경우가 많았다. 다른 이
용자들과 같이 교구놀이를 하도록 하여도 참여하지 않고 "주
영이가 안 놀아 줘요."라고 할 때가 많다. 그 말을 들은 몇 명의
이용자가 다가와서 놀자고 하면 효섭 씨가 제안하는 놀이는 주
로 끝말잇기였다. 처음에 주제를 잘 정하지 못하고 서로 미루
는 경우가 많아 내가 단어 하나를 던지면 그때부터 이용자들은
아는 단어를 조합하며 순서를 이어 간다. 그러나 주간보호센터
이용자들이 하는 끝말잇기는 우리가 생각하는 방식과 많이 다
르다. 경쟁도 하지 않는다. 끝말잇기를 하던 중 어느 순간 이어
야 할 글자가 앞뒤로 바뀌어도 서로 눈치채지 못하고, 다음 순

서 이용자가 단어를 이어 가지 못할 경우에는 도움을 주며 게임이 지속 되는 것에 집중한다. 그러다 보면 어느 순간 영어로 넘어가는데, 어떻게 영어로 넘어가는지 그 과정을 매번 들어도 나는 잘 모르겠다. 영어 끝말잇기는 항상 효섭 씨의 주도하에 "HOT, SES, 젝스키스"로 넘어가다 결국은 외국 배우로 넘어가 "브래드 피트, 줄리아 로버츠"까지 등장한다. 효섭 씨의 대답은 그 시대에만 머물러 있는 경우가 많다. "그 사람들 말고 다른 외국 배우들은? 다른 팝 가수들은?" 하고 물으면 다른 이용자들은 최근 가수들의 이름을 말하지만 효섭 씨는 얼굴을 붉으며 대답을 회피한다. 외부 성교육 강사가 여자 친구가 있는지를 묻자 질문에 효섭 씨는 줄리아 로버츠라고 대답을 했다. 효섭 씨에게는 그 시대의 가수와 배우들이 아직까지 최고인 것 같다.

10대가 제일 행복해

가끔 뜬금없이 내 책상 앞으로 다가와 "엄마가 아파요."라고 말하며 시무룩한 표정을 짓는다. 가족에게 관심이 많고, 걱정도 많이 한다. 그럴 때 나는 또 직업병이 발동하여 "엄마가 아플 때 효섭 씨가 어떻게 해야 할까?"라고 했다. 그러면 효섭 씨는 전혀 모른다는 표정으로 얼굴을 붉적이며 어깨를 으쓱한다.

그러면 나는 "스스로 일어나고, 밥도 스스로 먹고, 컴퓨터는 조금만 하고, 부모님 말씀을 잘 들어야 엄마가 빨리 건강해질 거야."라고 한다. 이럴 때마다 효섭 씨는 대답 없이 웃으며 자리를 피한다. 걱정은 되지만 자신이 어떻게 해야 하는지를 생각하지 못한다.

효섭 씨는 노래방 이용 시간을 무척이나 좋아한다. 항상 옛날 가수의 노래를 신나게 부르며 춤을 춘다. 우리의 10대와 20대를 주름잡던 가수들이다. 다른 이용자들이 요즘 노래를 부르면 호응이 없지만, 옛날 댄스 노래에는 신이 나서 일어나 춤을 춘다. 센터에서는 매년 조금씩 새로운 교구를 구입하여 이용자들에게 사용 방법을 설명하고 놀이를 하도록 하고 있으나, 효섭 씨는 잠시 관심을 가질 뿐 여전히 카드의 모양을 보고 컵을 순서대로 놓는 교구나 자동차를 배치하는 교구를 좋아하고, 그것만 가지고 시간을 보낸다. 매주 월요일에 적는 일기는 13년 가까이 여전히 비슷한 내용이다. 손에 힘이 없어 종이접기를 잘 못하고, 집중이 필요한 프로그램은 싫어한다. 또한 움직이는 활동을 싫어하여 조금만 뛰어도 혀를 내밀고 헉헉 거린다. 활동적인 프로그램을 할 때면 화장실에 간다는 핑계를 대고는 잘 돌아오지 않는다.

효섭 씨는 오늘이 며칠인지 정확하게 알고 있지만 효섭 씨의 관심은 온통 10대에 머물러 있다. 지적장애인들은 대체로 단기

기억은 상당히 부족하지만 장기 기억은 비교적 좋은 특성이 있
다. 아마 효섭 씨의 기억이 20년 전인 10대의 기억에 머물러 있
는 것은 자신이 가장 행복했던 시절, 즐거웠던 순간이 10대여
서 그렇지 않을까.

평범하게 사는 게 제일 어려운 거야

　효섭 씨는 주간보호센터 프로그램을 13년째 이용하고 있다.
그동안 많은 교육을 받았고, 여러 분야의 다양한 전문 강사와
많은 프로그램에 참여했다. 많은 프로그램을 통해 효섭 씨가
발전한 것이 무엇이냐고 질문한다면 큰 변화는 떠오르지 않는
다. 처음 본 효섭 씨는 스스로 일상생활이 가능했고, 말도 잘했
고 컴퓨터로 자신이 좋아하는 노래와 드라마를 찾아볼 수 있
는 아이였다. 이전과 비교해 효섭 씨는 딱히 새로운 취미가 생
겼다거나, 관심을 보인다거나, 발전이 있었다고 말하기가 어렵
다. 자신이 좋아하는 것만 반복하고, 다른 이용자들과 잘 어울
리지는 않지만 피하지도 않는다. 잘못을 지적하면 모르는 척하
다가 조금 뒤 웃으며 다가온다.

　효섭 씨를 보면 『보노보노처럼 살다니 다행이야』라는 책의
보노보노가 생각난다. 보노보노는 걱정이 많은 만큼 정도 많
다. 친구의 소중함을 잘 알고 있어서 그 어떤 괴팍한 짓을 하는

친구도 그러려니 한다. 잘할 줄 아는 게 워낙 없어서 하고 싶
은 게 생겼을 때에는 무식하고 우직하게 노력한다. 그러나 얼
마 안 가 언제 그랬냐는 듯 깨끗이 포기하거나 잊어버린다. 이
책에 등장하는 인물에 나를 비유한다면 난 너부리에 가까운 것
같다. 다혈질에 비관적이고, 프로불편러 역할에 충실하지만,
차가움과 따뜻함이 공존하는 모순적이고 폭력적인 너부리.

한 살씩 나이가 들어가면서 친구와 가십거리보다는 각자의
미래나 과거에 대한 이야기를 더 많이 하게 된다. 난 화려한 학
창 시절도 없고, 기억에 남을 만한 애타는 연애도 못했지만, 나
이가 벌써 30대 후반이고, 한 직장에 13년씩이나 다니고 있고,
나의 의지와 상관없이 업무가 자주 바뀌고, 점점 비관적이고
욱하는 성격이 되어 가고 있다. 난 나의 현재가 재미없고 답답
하다. 너부리처럼.

효섭 씨와 난 같은 10대와 20대의 문화를 보고 같은 시대를
보냈지만, 우린 서로 다른 기억을 가지고 있다. 효섭 씨가 기억
하는 행복하고 즐거운 그 시간을 난 재미 없고 답답하게 생각
했다. 변화에 대한 노력을 하지 못한 것에, 추억할 만한 것 없
이 평범하게 보낸 시간을 나는 아쉬워했다. 10대의 시간을 가
장 좋아하는 효섭 씨는 오늘도 행복하다. 변화가 없어도, 기억
할 만한 엄청난 일들이 없어도 현재가 즐겁고 행복한 것 같다.
보노보노 책에서도 "평범하게 사는 게 제일 어려운 거야."라는

글이 있다. 예전의 삶이나 현재의 삶에 재미를 느끼지 못하고 답답함을 느끼는 나에게 가장 위로가 되어 주는 말인 것 같다. 효섭 씨는 시대를 앞서가지 않아도 된다고, 그냥 평범하게 살아도 괜찮다고 나를 위로해 준다.

나를 보면 웃어 주고 안아 주는 사람

복지관 로비에서 효섭 씨와 마주치면 씽긋 웃는 걸로 인사를 대신한다. 점심시간 식당에서 마주치면 내 자리까지 물을 가져다주고 간다. 내가 간혹 주간보호센터를 가면 여전히 팔을 벌리고 다가와 꼭 안아 주고 고개를 들어 웃어 준다. "보고 싶었어요."라는 말과 함께.

나는 13년 차 여자 사회복지사. 효섭 씨는 동갑내기 남자 지적장애인. 효섭 씨와 내가 나누는 인사는 성추행과 직장 내 괴롭힘 금지법으로 시끄러운 이 사회에 어울리지 않는다. 하지만 우린 지금처럼 계속 인사를 할 것이다. 시대가 변해도 효섭 씨는 변하지 않을 것이고, 시대가 변화를 요구해도 효섭 씨는 발맞추지 않을 것이다. 이것이 효섭 씨만의 행복 비결이다. 나는 오늘도 고민과 걱정으로 하루를 보낸다. 빠르게 변화하는 사회에 맞춰 변화해 가는 사람들을 보면 부럽다. 내가 원하는 삶이 아니라 타인에게 보여 주기 위한 고민과 걱정으로 얼룩진 삶이 될까 봐 무섭다. 타인이 원하는 삶만 살까 봐 두렵다.

　지금 나에게 필요한 것은 효섭 씨와 같이 변화하는 삶을 두려워하지 않고 나만의 방식으로 살아가는 능력이다. 효섭 씨가 20년 전의 댄스와 노래에만 반응하듯이, 나도 나만의 스텝을 밟으며 내가 원하는 길을 가고 싶다. 효섭 씨처럼.

9

캠퍼스 캠페인, 축제 속으로

글. 주민정

✵✵✵✵☆✵✵✵✵

5월의 대학 축제

고등학교 때까지만 해도 대학 축제는 선망의 대상이었다. 그곳에만 가면 멋진 왕자님과 공주님을 만날 수 있는 그런 마법의 공간인 줄 알았다. 하지만 막상 대학생이 되어 경험한 축제는 학교의 주요 도로를 차지한 즐비한 주막과 가요제, 유명 가수들의 초청공연 정도였지 딱히 친구들과 함께할 만한 것은 찾아보기 힘들었다.

그래서였을까. 그때부터 이 축제의 한가운데에서 뭔가 의미 있는 걸 해 보고 싶단 생각을 품었던 것 같다. 대학과 대학원을 졸업하고도 2년이 지나서야 드디어 이 작은 생각의 씨앗은 햇빛을 볼 수 있게 되었다.

2006년 봄

여느 때처럼 '장애인의 날'을 앞두고 장애 예방 및 인식 개선 캠페인을 준비하고 있었다.

2001년부터 매년 장애인의 날 전후로 진행해 왔던 시민과 함께하는 거리 캠페인이 2005년 다른 장애인복지관들의 개관 이후, 대구협회 차원에서 진행하기로 의견이 모아졌다. 덕분에 나는 기존 캠페인의 경과와 방법을 다른 기관들과 공유하니 업무가 절반 이상 줄어들게 되었다. 그러자 내 마음속에 작은 씨앗으로 자리하고 있던 생각이 꿈틀거렸다.

'이제 5월이면 대학 축제 기간인데…….'

거리 캠페인에서 만난 분들을 보며 생각에 잠겼다.

아이들에게 휠체어를 어떻게 움직일 수 있는지 설명해 주는 저 어머니보다,

우리가 나누어 준 장애이해 리플렛을 찬찬히 읽어 보며 지나가시는 어르신보다,

우리나라의 장애인복지 점수를 매겨 보겠다는 열정적인 중학생 아이들보다,

어쩌면 지성인이라고 자부하는 대학생들에게 장애란 더 멀리 있는 것일 수 있겠다는 생각이 들었다. 나의 대학 시절을 떠올려 보니 그 생각은 더욱 명확해졌다.

대학 시절 캠퍼스는 휠체어로는 도저히 원하는 수업을 들으러 가기 힘든 곳이었다. 오랜 역사와 전통이 깃든 캠퍼스이지만, 건강한 나도 단과대학을 오가며 교양과 전공 수업을 들을

때면 시간을 맞추는 게 어려울 정도로 넓었고, 수업을 들으러 간다고 하더라도 일찍 자리를 잡지 않으면 강의실 문을 열고 들어가고 나가기도 여간 어려운 일이 아니었다. 대부분 3~4층 높이인 학교 건물들에 엘리베이터가 없었던 것은 나와 같은 시절에 대학을 다닌 사람이라면 충분히 기억할 수 있을 것이다. 생각이 여기에 미치자 대학에서의 캠페인이 꼭 필요하다는 확신이 들었고, 당시 동료들도 이 생각에 뜻을 같이했다. 아직은 누구도 해 보지 않았지만, 그렇게 캠퍼스 캠페인의 씨앗은 꿈틀거리고 있었다.

올해 학교 축제 기간이 언제인가요?
축제 때 부스를 설치하려면 어떻게 해야 하나요?

일단 처음 시도하는 일이라 내가 몸담았던 모교와 특수교육의 선구자적 역할을 해 온 상대적으로 장애이해가 용이했던 지역대학 두 곳을 목표로 삼았다. 사회복지학과 학생회와 총학생회를 차례로 연락한 후 직접 찾아가 취지를 설명했다. 우려와는 달리 모두 매우 긍정적으로 우리의 의견을 받아 줬다. 드디어 '캠퍼스 캠페인'의 여정이 시작된 것이다.

캠페인 하루 전, 오후 6시가 지났지만 사무실은 분주했다.

　　내일 캠페인을 나가기 위한 마지막 준비가 한창이었다. 천막이랑 테이블, 의자는 이미 트럭에 실어 놓았고, 새로 만든 패널들을 챙기고, 기념품도 챙기고, 이젤이랑 필기도구들, 인식조사 설문지 등을 챙기다 보니 작은 기획팀 사무실이 금세 가득 찼다. 그리고 내 마음도 설렘과 걱정으로 차오르기 시작했다.

장애 예방 및 인식 개선 캠페인을 하고 있습니다

　　드디어 첫 캠페인 날. 어제 챙겨 두었던 물품들을 트럭에 옮겨 싣고 직원들과 대학으로 향했다. 이제 막 곳곳에 축제의 첫날을 알리는 천막이 자리하기 시작했다. 그곳에서 우리도 캠페인의 첫 날개를 펼쳤다.

　　"장애 인식 퀴즈를 맞추시면 작은 기념품을 드립니다."

　　"장애 인식 관련 설문조사에 참여해 주세요~."

　　나랑 띠동갑 차이가 나는 이제 막 신입생이 된 사회복지학과 학생들의 목소리가 축제 거리를 채우기 시작했다. 사회복지학과 학생회와 함께 진행하기로 했는데, 아무래도 캠페인은 저학년들에게 배당이 되었나 보다. 잘될 수 있을까 걱정하던 나의 심장이 콩닥콩닥 뛰기 시작했다.

　　"안녕하세요~! 퀴즈 하나 선택해 주세요~!"

"17번이요. 못 맞추면 어떡하죠?"

장애 예방 및 인식 개선과 관련된 사항 중에서 쉽지만 중요한 내용을 30개의 OX퀴즈로 만들어 학생들의 관심을 끌었다. 퀴즈를 맞추고 멀티볼펜을 기념품으로 받으면, 바로 설문조사에 참여할 수 있도록 연결해서 진행했다. 그리고 페이스페인팅 자원봉사자분도 함께해 알록달록 축제의 흥은 더 살아났다.

시끌벅적한 축제의 한가운데에서 처음엔 호기심으로, 개인적인 관심으로, 때로는 자원봉사로 진행을 맡은 친구들의 요구에 의해서 참여하던 학생들의 숫자가 점점 늘어났다. 강의 시간이 마칠 때면 한꺼번에 너무 많이 몰려 대기를 하는 사람들까지 생기기도 했고, 직접 참여해 본 친구들이 다른 친구들을 데리고 오기도 했다. 대학 축제를 보러 온 인근 주민들의 관심도 이어졌다.

선천적인 요인보다 후천적인 원인에 의한 장애가 더 많다고요?

"장애 종류는 음… 신체장애, 언어장애, 시각장애 밖에는 모르는데……."

비교적 쉽게 문제를 구성했지만 퀴즈를 풀어 가면서 참가한

학생들이 틀리는 경우도 왕왕 생겼다. 틀렸다고 해서 그냥 돌아가는 게 아니라 정답에 대해 설명을 듣고 싶어 했고, 다른 문제도 풀어 보겠다는 의지를 보이는 경우도 많았다. 역시 공부를 하는 대학생들이라 다르다는 생각이 들었다. 캠페인을 진행하는 학생들도 처음에는 장애에 대해 잘 몰라서 쭈뼛쭈뼛했으나, 오리엔테이션을 받고 궁금한 점은 물어보며 이해를 넓혀 갔고, 진행을 하면서 어느새 나보다 더 해박한 지식으로 설명을 하고 있었다.

강의를 듣는 사람보다 준비하는 사람이 더 많이 배우는 것처럼, 캠페인도 역시 준비하고 진행하면서 배워 가게 된다는 걸 새삼 확인했다. 또한 우리 사회가 이들에게 장애에 대해 이해할 수 있는 시간과 기회를 만들어 주지 못했다는 걸 온전히 느낄 수 있었다.

장애는 [   ]다

서울로 일터를 옮긴 나는 새로운 복지관에서도 비슷한 업무를 하게 됐다. 복지관에서도 서울 시민들의 휴식처인 선유도에서 처음으로 장애 인식 개선 캠페인을 준비하게 되었다.

햇살 좋은 봄날 오후라 그런지 아이들을 데리고 나들이 나온 가족들, 친구를 만나러 나온 사람들, 산책 나온 어르신들 등 많은 분이 관심을 가져 주셨다. 이전엔 캠페인을 하면서 항상 우리가 알고 있고 객관화되어 있는 정보들을 공유하는 것에만 신경을 썼다면, 이날은 시민들의 이야기를 들어 보는 데 주력하기로 했다.

　직접 포스트잇에 '장애는 [　　　]다'를 채워서 붙일 수 있도록 한 것이다.

　저 괄호 안에 어떤 단어 또는 문장을 넣어야 할지 단박에 적을 수 있는 사람은 많지 않을 것이다. 알록달록 포스트잇 위로 아이부터 어른까지 다양한 시민의 생각이 더해졌다. 아이들의 종이에는 어른들이 따라가기 어려운 순수함이 있었고. 어린 청소년들의 포스트잇에는 장애란 어렵고 힘든 것, 도와줘야 하는 것이란 생각들이 적지 않게 보였다. 우리 사회의 현재 위치를 알려 주는 것 같아 더욱 목에 힘을 주고 캠페인 홍보에 나섰다.

시간은 흐르는 물과 같아서 많은 걸 변하게 한다

　처음 캠퍼스 캠페인으로 대학 축제에 발을 디딘 지 벌써 14년, 내가 장애인복지를 처음 시작한 지도 23년을 바라보고 있다. 이제는 나의 일터도 장애인복지관에서 노인복지관으로 바뀌었다.

내가 몸담고 있던 복지관에서는 지금도 '차이는 아름답다'는 이름으로 계속 캠퍼스 캠페인을 이어 가고 있다. 이제 학과에서는 축제 기간이 되면 자연스레 캠페인을 함께 준비한다고 한다. 다양한 체험과 아이템을 통해 축제 거리에서 하나의 문화로 자리 잡은 것이다. 선유도에서 캠페인을 했던 복지관에서는 몇 해 전부터 장애인 인권에 관한 행사를 축제의 형식으로 장애인들과 함께 기획해서 진행하고 있다.

시간이 지나고 사회가 변함에 따라 장애에 대한 시각도, 태도도 변한다.

'장애는 [   ]다'의 괄호 안에 들어가는 말들도 달라질 것이다.

과거에는 힘들고 어려운 것과 관련된 생각들이 많았다면, 이제는 밝고 희망적인 내용들이 많아지고 있다고 생각한다. 그리고 미래에는 더이상 '장애는 [   ]다'라는 말이 필요 없는 그런 시대가 올 거라고 믿는다. 어느 햇살 좋은 날 후배들과 둘러앉아 나의 이 경험들을 한낮 무용담으로 들려 주게 되는 시대가 머지않아 올 거라고 믿는다.

그날이 올 때까지 나는
늘 그랬던 것처럼,

하루하루 주어진 나의 몫의 인생길에서

한 걸음씩 발을 내디디며

조금 더 웃고, 조금 더 나누며

그렇게 매일매일 새로운 내일을 맞이할 준비를 해야겠다.

녹음이 푸르른 5월 대학 캠퍼스에서
진행된 장애 인식 개선 캠페인 부스의 초창기 모습

캠페인 중 퀴즈를 마친 학생들이 장애 인식 설문조사에 응하고 있는 모습

축제장소를 찾은 학생들이 장애 인식 퀴즈에 참여하고 있는 모습

차이는 자연스러운 것
"장애는 키가 크고 작은 것과 같이 하나의 차이일 뿐이에요." 사회의 소수계층인 장애인을 위해 바쁘게 뛰어다니며 평소 책으로만 공부했던 '복지'를 온몸으로 느끼는 이들이 있다. 축제 기간 동안 일청담 일대에서는 사회복지학과 학생들과 장애인복지관이 함께한 대학생 장애 인식 개선 캠페인 'HAPPY DREAM CAMPUS'가 펼쳐졌다. 이정원(사회대 사회복지 06) 씨는 "이런 노력을 통해 대학생들이 '차이'를 자연스럽게 받아들이고, 장애인들에게 먼저 손을 내밀 수 있기를 바란다"고 말했다. 학생들은 올바른 장애 용어에 대한 설명을 듣고는 설문조사에 참여한 후 OX퀴즈를 풀었다. 최정혜(사범대 국어교육 06) 씨는 "장애는 나와 상관없는 일이라고만 생각했는데, 누구든 장애인이 될 수 있다는 것을 깨달았다"고 말했다.

〈○○대학교 신문〉 함진주 기자 hjj06@knu.ac.kr 등록 2007.05.28. 15:12:47

당시 학교에서 축제기간 동안 진행된
캠퍼스 캠페인과 관련하여 학보에 실렸던 내용

2011년 선유도에서 진행된 장애 인식 개선 캠페인 중
"장애란 [   ]다"에 대한 시민들의 생각

10

누구도 의식하지 않은
아름다움을 마주하는 시간

글. 노화정
. . . .

사람은 자극에 반응하고 변화하고 적응해 간다. 내가 씨앗 프로그램을 기획할 때 예술 분야에 재능을 가진 발달장애인들의 역량 강화와 변화를 기대했다. 하지만 씨앗 프로그램을 하면서 내가 더 자극받고 변화했으며 성장한 것 같다.

Communication through Art는 '예술을 통한 소통'을 의미하며 줄여서 'C-Art' '씨앗'으로 이름 지었다. 우리는 이를 씨앗 프로그램이라고 부른다. '예술을 통한 소통'으로 자신을 표현하고 드러내는 것에 어려움을 가지고 있는 발달장애인들이 시각예술을 통해 타인과 지역사회와 소통해 나간다는 의미를 담고 있다. 씨앗은 싹을 틔우고 나무로 자라면서 함께 모여 숲을 이룬다. 발달장애인들도 우리가 미처 발견하지 못한 것뿐이지 예술 분야의 잠재력을 충분히 가지고 있으며, 지역사회 일원으로 살아갈 수 있을 것이라는 믿음으로 씨앗 프로그램을 기획하고 진행했다.

씨앗 프로그램은 발달장애인들이 창작 활동을 통해 사회 활동에 참여할 수 있도록 지원하고, 도시 공간을 디자인하는 작가 육성을 목표로 하는 발달장애인 작가 육성 프로젝트다. 발달장애인의 작품으로 도시 공간을 디자인함으로써 지역사회와 소통하고 '지역'과 '장애인' '일'을 연결하고 있다. 이러한 일련의

과정을 통해 사회적 기업을 설립하여 지역 내 발달장애인의 사회참여 영역을 확대하는 것이 씨앗의 취지이다.

아산사회복지재단의 지원을 받아 2017년 8월에 시작해 2020년 6월까지 진행한다. 지역사회 내 시각예술에 재능을 가진 발달장애인을 매년 15~18명 발굴하여 매주 2회씩 현업작가로 활동하는 이미주 작가와 이현정 작가가 교육을 진행하고 있다. 회화, 조소 등 다양한 영역과 주제에 대한 이해를 통해 발달장애인의 미술 역량과 자기표현력이 향상되고 있으며, 해를 거듭할수록 발달장애인 작가 특유의 독창성이 개발되고 있다.

2018년 'NEW SOLUTION' 전시회는 영화의 전당에서, 2019년 '사이다(CIDER)' 전시회는 부산시민회관에서 개최하여 발달장애인들의 생각과 감정, 사회적 이슈 등을 자신만의 방식으로 표현하여 대중에게 소개하였다. 지역 내 발달장애인의 예술 활동을 알려 작가들의 작품성을 인정받고 있다.

7년 전 나는 고등학교 장애학생들을 대상으로 전환교육 프로그램을 담당했다. 비장애인 20대들은 자신이 좋아하는 것을 꿈꾸고 찾기 위해 노력하는 시간에 발달장애인들은 왜 자신의 의사보다는 부모나 교사의 의지에 따라 전공과로 진학하거나 취업을 해서 사회로 나가야 하는지에 대해 고민하기 시작했다. '자신이 좋아하는 일이 무엇인지, 자신이 진정 꿈꾸는 것이 무엇인지 고민하고 도전해 볼 시간이 발달장애인에게도 필요한 것이 아닐까?'라는 생각을 하게 되었다. 특히 문화예술에 관심과 재능이 있는 발달장애인들이 부산이라는 지역사회 내에서 자신의 꿈을 누릴 기회조차 없는 것이 현실이었다. 2017년 봄, 시각예술에 재능이 있는 발달장애인들을 만났고, 그들이 좋아하는 일을 자유롭게 하면서 꿈을 마음껏 펼칠 수 있으면 좋겠다고 생각했다. 순수하고 자유분방하며 자신을 표현하는 데 거리낌 없는 청년에서 작가로 변화하고 있는 이들을 떠올리며 이야기를 함께 나눠 볼까 한다.

이 이야기를 시작하기 위하여 고민하는 순간 가장 먼저 권준호 작가가 생각났다. 2013년에 직업적응훈련생으로 권준호 작가를 처음 만났다. 그의 처음 이미지는 게임에 빠져 있는 외골수 청년의 느낌이었다. 현실 속보다는 게임 속 세계가 익숙해 보였다. 애니메이션을 좋아했던 권준호 작가는 미술 프로그램에 참여하면서 자신이 좋아하고 잘하는 것이 그림임을 찾기 시작했다.

미술에 흥미를 가지기 시작하면서 권준호 작가의 에코백 속에는 항상 노트와 색연필이 들어 있었다. 언제 어디서든 시간이 생길 때마다 자신이 좋아하는 것들을 그리기 위해서다. 처음엔 "무겁게 그 많은 것을 들고 다니니?" "사물함에 놓고 다니면 편하잖아?"라고 물었다. 그러자 "하나도 안 무거워요! 들고 다녀야 그리고 싶을 때 그릴 수 있잖아요!"라고 밝은 미소로 대답한다. 나는 단순히 신체에 가해지는 물리적인 가방의 무게만을 생각했는데, 권준호 작가에게는 그림을 그리는 것이 자신의 몸에 가해지는 불편함을 감수할 수 있을 만큼 행복이라는 것을 알았다.

그렇게 매일 권준호 작가는 직업적응훈련을 받으면서 그림을 그렸다. 복지관의 선생님들은 권준호 작가의 그림을 좋아했다. 어느 날 문득 이런 생각이 들었다. '준호의 그림이 나에게는 무척 좋은데 전문 작가들은 어떻게 생각할까? 준호가 전문교육을 받는다면 얼마나 발전할 수 있을까? 일반 시민들도 준호의 그림을 좋아할까?'라는 생각을 했다.

사회복지사들이 프로그램을 기획할 때 일반적으로 이용자의 욕구를 분석하고, 지역사회 문제를 대변하는지, 꼭 필요한 프로그램인지 등 많은 고민을 하게 된다. 하지만 이 프로그램은 4년을 넘게 지켜본 권준호 작가의 그림에 대한 순수한 열정과 그의 행복을 계속 지켜 주고 싶다는 소박하지만 어려운 고민을 가지고 시작하게 되었다. 고민이 시작되자 자신이 좋아하는 그림을 지속하기 위하여 항상 준비하고 그 속에 있는 다양한 생각과 감정을 표현하는 순수한 열정을 가진 발달장애인 예술가들이 나를 찾아왔다. 이 친구들이 꿈꿀 수 있는 공간을 만들어 주자고 생각했고, 25명의 발달장애인 작가들을 만났다.

　권준호 작가는 그림을 그리는 초기에는 자신의 생각을 그리기보다는 자신이 좋아하는 게임 캐릭터를 그리거나 복지관에서 만나는 사람들의 이미지를 비슷한 캐릭터에 대입하여 한정적인 작품들을 그렸다. 하지만 벽화 작업을 시작하면서 지역사회에 관심을 보였고, 다른 사람들의 그림을 관찰하면서 자신의 부족함을 찾고, 타인에게서 배울 점을 찾기 시작했다. 우리는 자신의 부족함을 있는 그대로 인정하고, 장점을 있는 그대로 받아들여 자신의 것으로 만들어 가는 것을 어려워한다. 하지만 권준호 작가는 항상 배우려는 자세로 임했다.

　2019년 8월 씨앗 프로그램의 두 번째 시즌이 끝난 후 참여한 발달장애인들에게 소감을 물었다. 권준호 작가는 이렇게 말했다.

　"그림을 그릴 때 어떤 면으로는 재밌고, 어떤 면으로는 무언가 잡히지 않아 누군가를 보면 질투와 열등감이 생긴다."

　권준호 작가는 그림의 주제가 주어지면 고민하고 공부하고 스케치하고 검토를 받고 수정한다. 만족할 때까지 말이다. 자신은 2년 동안 배웠는데 1년 배운 후배의 그림을 보면서 질투와 열등감을 느끼는 동시에 라이벌로 의식하면서도 친하게 잘 지낸다. 항상 자신이 무엇을 해야 하는지 고민하고 배우려는 자세로 자신을 낮춘다. 자신을 객관적으로 이해하고, 사람들의 장점을 발견하여 그것을 배워 내 것으로 만들어 가는 권준호 작가의 자세가 나에게 많은 가르침을 주었다.

권준호 작가는 요즘 타인의 작품이나 사물을 있는 그대로 보
고 그리는 것이 아니라 자신의 관심사를 그림으로 표현하고 있
다. '동심파괴'를 주제로 우리에게 익숙한 『검정 고무신』 속의
캐릭터들의 성인 버전을 만화로 제작하고 있다. 이 작품을 통
해서 캐릭터를 아는 아동들은 놀라서 울었으면 좋겠고, 청소년
들은 깔깔깔 웃기를 희망한다. 작가는 자신을 표현하고 말할
수 있어야 진정한 작가라고 한다. 권준호 작가는 진정한 작가
가 되어가고 있다. 매일매일 조금씩 발전해 나가는 권준호 작
가를 보고 있으면 '이 사업을 기획해 주셔서 고마워요.'라고 나
를 칭찬해 주는 것 같아 기분이 좋아진다.

'만약 남자의 손톱이 빨갛게 칠해져 있다면 어떤 기분이 들
까?' '이상해, 왜 저래?' 하고 한 번씩 쳐다보지 않을까? 이것이
바로 김동준 작가의 첫인상이다. 자폐성 장애를 가진 김동준
작가는 '예, 아니요.' 정도의 단순한 대답만 가능하고, 자신의
생각을 언어로 거의 표현하지 못한다. 왜 손톱을 화려한 색깔
로 바꾸어 가며 색을 칠하는지 처음엔 알기 어려웠다.

그림을 그릴 때마다 사과를 주로 그리고, 하나의 색으로 빈
틈없이 색칠한다. 사과가 빨간색, 초록색이 아니라 파란색이기
도 하고 검은색이기도 하다. 항상 "동준아! 다른 거 그려 볼래?"
"꽃 그리자!"라고 말을 하지만 김동준 작가는 우리의 말을 듣

지 않는다. 고집이 상당히 세다. 씨앗 프로그램을 진행하면서 미술을 전공한 작가들이 작가적 성향이 높은 친구라고 말을 할 때에도 반신반의했다. '사과 하나인데 작품이라고…….' 그림을 잘 모르는 나는 그런 생각이 들었다.

　씨앗 프로그램을 진행하면서 그림을 그리는 김동준 작가를 가까이에서 만날 수 있었다. 남들은 한 달에 한 작품을 완성하기도 어려워하는데 김동준 작가는 매 회기마다 하나 이상의 작품을 완성하고 완성이 되지 않으면 집으로 돌아가지 않았다. 다양한 색의 물감이 있지만 있는 그대로의 색을 사용하지 않는다. 자신만의 색을 만들고 다른 색과의 조화를 찾아낸다. 이제야 알게 되었다. 김동준 작가가 '왜 빨간 손톱, 형광 손톱 등 매번 색색깔의 손톱을 바르는지를…….' 색에 대한 관심과 이해력이 높은 김동준 작가는 다양한 색을 캔버스가 아니라 손톱에 자신을 표현하고 있었던 것이다. 캔버스에 다양한 색을 칠하고 있는 지금 김동준 작가의 손톱에는 더 이상의 매니큐어는 없고 물감만 묻어 있다.

　그림이라고 하면 풍경과 주변 사물 등 많은 것을 담고 있어야 한다는 생각으로 매번 다양한 사진과 주제를 김동준 작가에게 제시하였다. 하지만 매번 자신이 좋아하는 사과를 주로 그리고, 오렌지, 수박, 별, 달 등 일상에서 자신이 느낀 것들을 표현한다. 세련된 색감과 자유분방한 붓질로 과일, 채소, 꽃 등을 단순화하여 표현한다. 색깔에 대한 뛰어난 이해로 자신만의 색을 조화롭게 만든 다채로운 색상이 눈길을 사로잡는다.

김동준 작가는 색을 칠하기 위해 그림을 표현한다고 생각하고 있던 어느 날 연필과 공책을 평소와 다르게 여러 가지 색깔로 예쁘게 칠하였다. "웬일이야? 하나하나 예쁘게 색칠했네!"라고 말하고 난 순간 연필과 공책을 하나의 색으로 네모나게 덮고 있었다. "김동준! 왜 덮었어!"라고 말을 하여도 김동준 작가는 말없이 웃으며 색을 칠할 뿐이었다. 무엇을 표현하였는지 알 길이 없어 "동준아! 뭘 그린 거야?"라고 물었다. "필통 속 연필" "가방 속 공책"이라고 말하며 캔버스 뒤편에 '공책, 연필'이라고 제목을 적었다. 김동준 작가는 색이 좋아 칠을 하는 것이 아니라 자신이 좋아하는 것들을 자신만의 방식으로 표현하고 있다는 것을 알게 되었다.

나는 사회복지사로 근무하면서 객관적으로 이용자의 욕구와 상황을 판단하고 항상 이용자를 위해서 최선의 선택을 한다고 자부해 왔다. 하지만 김동준 작가와 함께하면서 어쩌면 내가 생각하는 방식으로 이용자의 생각을 스케치한 것이 아닐까 반성했다. '김동준 작가가 숨막히지 않았을까?' 이것은 나의 작품이 아니라 김동준 작가의 작품임을 깨달았다. 김동준 작가가 자신의 작품을 스스로 완성할 수 있도록 기다려 주고 지원하는 게 나의 임무다. 또한 이 그림이 무엇인지, 어떤 생각으로 그렸는지 김동준 작가가 자신의 언어로 표현할 수 있도록 질문하고 들어 주는 게 나의 임무였다.

씨앗 프로그램의 전문 강사인 이미주 작가는 발달장애인과의 경험을 이렇게 말했다.

"저는 창작자의 입장에서 참여자들이 그리는 것에 좀더 흥미를 가지고 각자의 이야기를 발견하고 그 이야기를 잘 꺼낼 수 있게 제안하고 지켜보는 정도로 개입하고 있습니다. 매시간 친구들이 새로운 주제를 대하는 자세와 그림을 그리는 과정, 그리고 그 결과물을 보며 놀람과 동시에 스스로를 돌아보게 됩니다. 무엇보다 제 마음을 사로잡는 것은 빈 캔버스 앞의 순수함입니다. 누구에게도 잘 보일 필요 없는, 어떻게 보일까에 대한 고민이나 두려움 따위 없는 선은 자유분방하고, 붓질은 과감하기 그지없습니다. 저에게 씨앗 참여자들의 그림은 '춤추라. 아무도 바라보고 있지 않는 것처럼'이라는 시 구절처럼 잊고 있던 순정을 깨워 주는 것 같습니다. 누구도 의식하지 않는 아름다움을 마주하는 시간입니다. 많은 것을 배우고 느끼게 하는 고마운 만남입니다."

발달장애인 참여자들을 작가로 있는 그대로 인정하면서 작가의 개성을 가장 잘 표현할 수 있도록 돕는 것이 중요함을 나는 깨달았다. 이러한 과정들이 작가들만 성장하는 것이 아니라 작가들의 성장을 도와주는 이미주 작가에게도, 주변에서 조력

하고 있는 나에게도 모두가 성장해 나가는 과정이었다.

그림

그림 한 장에 나는
내가 좋아하는 것을
그리고 색칠한다.

누구나 자신이
좋아하는 색이 있고
그림이 있다.

나는 어떻게 해서든
살아 있는 것처럼
그림을 그리고 싶다.

　안재준 작가가 지은 시다. 이 속에 그림을 대하는 안재준 작가의 자세가 나타나 있다. 안재준 작가에게 그림은 '나를 표현할 수 있는 것' '내가 무엇을 좋아하는지 알 수 있는 것' '내 인생의 전부' '언제나 함께 할 수 있는 존재'다.
　안재준 작가는 고3 때부터 씨앗 프로그램에 참여했다. 3학년

2학기 때 일반 사업체 두 곳에서 정규직으로 안재준 작가를 채용하고 싶어 했다. 하지만 안재준 작가는 안정적인 일자리를 포기하고 그림 그리는 삶을 선택했다. 이 선택이 '옳다' '그렇지 않다'라고 판단하기는 쉽지 않다. 당시 취업 담당자는 안재준 작가의 이러한 선택에 짜증을 냈다. 2년 동안 전환교육 프로그램으로 안재준 작가의 취업을 위해 사업체 현장 훈련을 열심히 지도했으니 그 감정도 이해가 된다. 20대의 청년들은 자신의 진로 선택을 후회하기도 하고, 자신이 좋아하는 일을 하기 위해 차선의 것들을 포기하기도 한다. 안재준 작가도 보통의 20대 청년들처럼 자신의 삶을 스스로 선택한 것이다.

"씨앗을 해서 많은 것을 알게 되었고, 표현을 할 수 있어서 좋았다. 내가 어떤 사람인지 보여 줄 수 있고 그림으로 표현을 해서 좋았다. 전시를 하고 많은 것을 배워서 좋고 조금씩 실력이 늘어서 좋다. 다음에는 지금보다 성장했으면 좋겠다."

이것은 2018년 씨앗 프로그램 평가회에서 안재준 작가가 한 말이다. 말수가 적고 자신을 표현하는 것에 소극적인 안재준 작가는 자신을 그림을 통해 표현한다. 타인들이 뭐라고 하든 안재준 작가의 삶의 주인공은 안재준 작가다. 경제적인 어려움으로 지금도 돈을 벌고 싶어 한다. 조금은 힘든 길일지라도 자신이 좋아하는 것을 포기하지 않았으면 좋겠다.

씨앗 프로그램을 하면서 꿈꾸는 10대 후반에서 20대 청년들을 만나고 있다. 이 아름답고 순수한 청년들이 남들보다 빠르진 않지만 잔잔하게 오래도록 그림을 통해 자신을 표현해 나가기를 바란다. 이들이 지치고 힘들 때 쉬어 갈 수 있는 버팀목이 씨앗이고 그림이면 좋겠다.

2019년 초가을 부산시민회관에서 발달장애인들의 두 번째 작품전 사이다(CIDER)를 개최했다. 이번 전시회는 씨앗 작가들의 두 번째 전시로, 발달장애인에 대한 세상의 편견을 그림을 통해 날려 버리고 세상에서 가장 시원한 '사이다(cider)'를 찾아 달려가는 과정을 소개하였다. 그 속에서 계산되지 않은 순수함과 자유분방한 작품들을 만날 수 있었다. 발달장애인의 마음과 영감을 담은 작품을 통해 서로 맺는 관계를 의미하는 '사이다(relationship)'로 발달장애인 작가들이 세상과 더 많이 소통하고 많은 사람과 함께 걸어가길 기대했다.

전시를 기획하면서 경험이 거의 없고, 또 배움을 줄 수 있는 사람이 적어 좌충우돌하였다. 315점의 작품을 저녁 11시가 넘도록 설치하고, 주문한 레터링이 도착하지 못해 직접 벽에 레터링 작업을 수행하는 등 많은 시행착오가 있었다. 오프닝에서 작가로 세상에 소개된 발달장애인들은 이렇게 소감을 전했다.

"프로그램에 참여해 보니까 내가 무엇을 할 수 있을까? 그리고 나에게 알맞은 꿈은 무엇인지 알게 되었다. 씨앗 수업은 정

말 최고의 시간이었고 행복했고 즐거웠다. 담당 선생님들께 감
사드린다."

-이주헌 작가-

"씨앗 프로그램을 하고 나서 많은 경험을 느꼈고 그림 실력이
많이 는 것 같다. 그림을 그리면서 많은 관심, 그리고 다양성을
많이 배운 것 같다. 다양한 사람과 친구와 어울러서 많은 재미
를 느끼게 되었고, 나는 약간 욱하는 면이 있지만 좋은 감정이
생긴 것 같다. 이현정 강사님, 이미주 강사님께 그림을 많이 배
우니깐 실력도 늘고 그림도 잘되는 것 같았다. 개성도 넘치고
많이 실력이 쌓인 것 같다. 이런 기회를 주신 선생님들께 감사
드린다."

-박치상 작가-

프로그램을 진행하면서 포기하고 싶은 순간이 있었다. 나의
부족함으로 발달장애인에게 도움이 되지 못하면 어쩌나 하는
두려움도 있었다. 함께해서 행복했다고 말하는 발달장애인 작
가들의 말 한마디에 그동안의 시간을 위로받았다. 그들의 진심
을 담은 말 한마디가 나에겐 행복감으로 다가왔다.

전시회가 진행되는 동안 많은 시민이 관람하며 작품의 가치
를 알아주었다. 50여 점의 작품이 판매되었다. 아직은 초보 작
가로서 비싸게 판매되지는 않았지만, 전문 작가로 성장하는 좋
은 경험이자 과정이 되었다.

  조태성 작가의 보호자는 "태성이 때문에 많이 울고 좌절하였는데, 작가로 인정받아 가는 태성이를 보면서 나 자신이 위로를 받는 것 같다."라고 했다. 또래와 사회에서 다름을 이해받지 못하여 태성이와 부모님은 같이 울고 좌절했던 것이다. 장애인 자녀를 양육하는 보호자들은 자녀와 함께 성장하면서 많은 어려움을 겪었을 것이다. 나는 감히 느끼지 못할 좌절감과 힘듦을 말이다. 씨앗 프로그램이 조태성 작가와 어머니를 위로해 주었고 안아 주는 계기가 되었다. 사업이 잘 진행되었다, 안되었다가 숫자로 나타나는 실적으로 평가되는 것이 아니라 발달장애인 당사자의 말 한마디, 그리고 변화되어 가는 주변인들과 사회를 관찰하면서 보람을 느꼈다.

  2019년 씨앗 사업은 총 18명의 발달장애인이 참여하여 디자이너 교육을 진행하고 있다. 2명의 발달장애인 참여자는 사회적 기업에 채용되어 전문작가로 활동을 시작할 예정이다. 18명 작가의 꿈을 응원한다.

  우리 마음은 한곳에 몰입하면 깊은 행복감을 느낀다. 발달장애인 작가들도 작품에 몰입하여 넘치는 에너지를 쏟아낸다. 발달장애인도, 이를 지켜보는 나도, 그 가족도 모두가 행복한 씨앗 프로그램으로 발전하기를 기대한다. 씨앗 프로그램 3년 과정이 끝난 이후에도 이 프로그램에 참여한 발달장애인 작가들이 자신이 꿈꾸는 행복한 일로 사회와 소통했으면 좋겠다.

권준호 작가의 작품 활동 모습

권준호 작가 / 동심파괴 / 2019

권준호 작가 / 동심파괴 / 2019

권준호 작가 / 동심파괴 / 2019

권준호 작가 /
황금잔과 황금새 /
2019

권준호 작가 /
커피잔 /
2019

김동준 작가와 작품들

김동준 작가 / 사과 / 2019

김동준 작가 / 파인애플 / 2019　　　　　김동준 작가 / 체리 / 2019

김동준 작가 / 공책과 필통 작업 모습

안재준 작가의 작품 활동 모습

안재준 작가 / 치타 / 2018

안재준 작가 / 생각하는 늑대 / 2018

안재준 작가 /
자연의 숲 /
2019

안재준 작가 /
화분 그림 /
2019

안재준 작가 / 추억의 그림 / 2019

서평
. . . . .

　이 책을 받아드니 어느 주말 느지막한 오후에 인사동 뒷골목
을 거닐다가 골동품상 뒷전에 먼지를 뒤집어쓰고 한구석에 처
박혀 있는 이빨 빠진 옛날 도자기를 하나 찾은 느낌이 든다. 그
때 사람들은 어떻게 그릇을 만들었는지, 색깔이나 무늬, 거기
에 새겨져 있는 그림을 감상하며 그 시대를 짐작하고 더 좋은
그릇을 만드는 기술을 후배들이 배우기 때문에…….

　　　　　　　　　　　　　　　– 이종길(복지경영연구소 소장)

어떤 사람은 이렇게 말한다.

인생은 멀리서 보면 희극이고, 가까이서 보면 비극이다.

삶이 녹록지 않다는 이야기일 것이다.

이런 생각도 든다.

일은 멀리서 보면 아무것도 아닌 것 같고, 가까이서 보면 절절하다.

세상에 만만한 일은 없다는 이야기일 것이다.

누구에게나 삶에는 어려움이 있다.

사회복지 일을 가까이서 보면 절절하다.

사회복지 일을 하는 사람이 만나는 사람들의 삶에 가까이 다가가 보면 참 고단하다.

사회복지 일을 하는 사람이, 만나는 사람의 삶의 무게를 대신 져 주기는 어렵다.

그래서 사회복지 일을 하는 사람들은 안타까움과 무력감에 빠지기도 한다.

이 책은 사회복지 일을 하는 사람들에게 위로를 건넨다.

짐을 많이 덜어 주면 더 좋겠지만,

짐을 진 사람과 함께하는 것만으로도 의미가 있다고 말한다.

사회복지 일을 하는 사람이 무거운 짐을 진 사람의 삶과 만나면, 마치 마술처럼, 쏠쏠한 희망을 일구어 낼 수 있음을 보여 준다.

이 책은 사회복지 일을 하는 사람의 이야기면서 또한 희망의 이야기다.

– 김용득(성공회대학교 사회복지학과 교수)

우리 현장에 옥구슬처럼 귀한 사회사업 이야기가 적지 않습니다. 하지만 기록하지 않으면 알 수 없고, 공유하지 않으면 성장할 수 없습니다. 구슬이 서 말이어도 꿰지 않으면 금방 잃어버립니다. 꿰미로 꿰어야 보관과 활용이 편안합니다.

지적·신체적 약자 곁에서 일하는 사회사업 현장 실무자들의 이야기가 잘 꿰어져 나왔습니다. 반갑고 고맙습니다. 복지관, 요양원, 거주시설, 주간활동지원센터와 같은 곳에서 일하는 재활상담사, 사회복지사, 작업치료사의 꾸밈없는 글 모음입니다. 우리는 모두 자기 인생의 작가입니다. 글쓰기 전에 실천이 있었고, 그 실천은 자신이 제일 잘 알고 있습니다. 재료가

신선하면 음식이 훌륭하듯, 바르게 실천했다면 그 기록은 좋은 글일 수밖에 없습니다. 여러 작가의 솔직한 글을 모아 꿰었다는 것으로 의미 있는 일을 이뤘습니다.

글을 쓴 선생님들은 꽤 '괜찮은' 사람이 맞습니다. 사회사업 현장에서 글, 즉 기록은 바른 실천을 위한 도구입니다. 내가 당사자를 잘 돕고 있는지 아닌지 글이 없으면 알 수 없습니다. 글로 쓰는 가운데 실천의 중심이 선명해집니다. 글을 써서 책을 내는 게 목적이 아니라 지적 · 신체적 약자를 잘 돕고 싶어 글을 썼을 거라 짐작합니다. 옳게 가고 있는지 확인하려고 글을 썼을 겁니다.

글을 쓰는 사람은 바르게 실천하려 애쓰는 사람이고, 결국 글을 쓰는 실무자에게 미래가 있습니다. 사회사업 현장 실무자로서 바른 실천을 생각하며 성찰하니 그 사람이 이미 '희망'입니다. 일하는 대로 생각하지 않고, 생각하는 대로 일하려 애쓴 작가님들이 고맙습니다. 생각하는 대로 나아간 내용을 기록했다는 건 그 생각을 지키려 노력했다는 말이기도 합니다.

이렇게 읽고 쓰는 이들이 늘어간다면, 분명 우리 현장과 지역사회는 더욱 인간적인 곳으로 변할 겁니다. 사회사업가로서 품은 생각의 실체는 '약자도 살 만한 세상, 약자와 더불어 사는 세상'입니다. 이 책이 이를 향하여 나아가는 길에 보탬이 되기를 바랍니다.

　　　　　– 김세진(사회복지사사무소 '구슬' 소장, 책방 '구슬꿰는실' 대표)

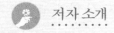 저자 소개

김정일   장애인복지관에서 19년 근무했음
현 직업평가연구소 소장
전자우편: basecamp12@nate.com

이명진   장애인복지 · 노인복지 분야에서 20년 동안 근무하고 있음
현 노인복지관 관장
전자우편: pusanvr@daum.net

조효성   장애인복지 · 사회복지 분야에서 16년 2개월 동안 근무하고 있음
현 장애인복지관 근무
전자우편: sunghi12@nate.com

김새봄   장애인복지 · 사회복지 분야에서 10년 근무했음
부산대학교 사회복지학과 박사 수료
전자우편: vprimaverav@gmail.com

박혜진   장애인복지 · 사회복지 분야에서 17년 동안 근무하고 있음
현 장애인복지관 근무
전자우편: humanenergy@naver.com

김지은 장애인복지 분야에서 11년 5개월 동안 근무하고 있음
현 장애인거주시설 근무
전자우편: jieun31979@naver.com

구지영 노인복지 분야에서 17년 동안 근무하고 있음
현 노인요양원 근무
전자우편: koojiy@naver.com

김경민 장애인복지 · 사회복지 분야에서 14년 5개월 동안 근무하고 있음
현 장애인복지관 근무
전자우편: kyoungmin3939@nate.com

주민정 장애인복지 · 노인복지 분야에서 23년 동안 근무하고 있음
현 노인복지관 관장
전자우편: julypink@hanmail.net

노화정 장애인복지 분야에서 14년 1개월 동안 근무하고 있음
현 장애인복지관 근무
전자우편: funnynhj@nate.com

장애인복지 현장 에세이

인생의 선물을 찾아서

2020년 5월 25일 1판 1쇄 인쇄
2020년 5월 30일 1판 1쇄 발행

지은이 • 김정일 · 이명진 · 조효성 · 김새봄 · 박혜진
　　　　김지은 · 구지영 · 김경민 · 주민정 · 노화정
펴낸이 • 김진환
펴낸곳 • (주) **학지사**
　　　　　04031 서울특별시 마포구 양화로 15길 20 마인드월드빌딩
대표전화 • 02)330-5114　　　　팩스 • 02)324-2345
등록번호 • 제313-2006-000265호

홈페이지 • http://www.hakjisa.co.kr
페이스북 • https://www.facebook.com/hakjisabook

ISBN 978-89-997-2114-4 03330

정가 10,000원

이 도서의 국립중앙도서관 출판시도서목록(CIP)은 서지정보유통지
원시스템 홈페이지(http://seoji.nl.go.kr)와 국가자료공동목록시스템
(http://www.nl.go.kr/kolisnet)에서 이용하실 수 있습니다.
(CIP 제어번호: CIP2020018931)

출판 · 교육 · 미디어기업 **학지사**

간호보건의학출판 **학지사메디컬** www.hakjisamd.co.kr
심리검사연구소 **인싸이트** www.inpsyt.co.kr
학술논문서비스 **뉴논문** www.newnonmun.com
원격교육연수원 **카운피아** www.counpia.com